Deutsche Nordseeküste

Weltbild

Deutsche Nordseeküste

DOR 10
DOR.5

DOR 9

Queen Victoria

ZU DIESEM BUCH

Die Landschaft an der Nordseeküste bezaubert mit einem ganz besonderen Flair, Sonne und Wolken geben dem ebenen Land und dem Meer ein sich vielfältig wandelndes Erscheinungsbild. Davon war auch der Maler und Grafiker Emil Nolde fasziniert. Geboren 1867 als Emil Hansen in Nolde bei Tondern, baute er später ein Haus in Seebüll, in dem man heute seine Werke bestaunen kann, denn nicht nur seine Zeilen, auch seine Bilder spiegeln die Intensität des Lichts und der Landschaft der gesamten deutschen Nordseeküste wider. Nirgendwo auf der Welt findet man ein solches Naturparadies wie das Wattenmeer, diesen bis zu 30 Kilometer breiten Sand- und Schlick-Saum der Nordseeküste, mit seinen typischen Pflanzen und den faszinierenden Tieren wie beispielsweise den Seehunden. Und nirgendwo findet man in Deutschland so breite, weiße Sandstrände, so herrliche

Dünenlandschaften, das weite, flache Marschland mit seinen Halligen und Warften. Erlebenswert sind aber ebenso die kulturell interessanten Orte der Regionen mit ihren schönen Kirchen und Museen sowie die Hansestädte Bremen und Hamburg mit ihrem hohen Freizeitwert. Die Städte bilden ein spannendes Konglomerat aus Tradition und Moderne, jeder Besucher wandelt hier auf alten und neuen Wegen. Großformatige Bilder, teils im Panoramaformat, und sachlich informative Texte bilden eine sinnliche Symbiose, die den Duft, den Geschmack und die Klänge der Nordseeküste schon während des Lesens für Sie erlebbar macht. Spezialthemen, wie der Nationalpark Wattenmeer, der Fischfang, Leuchttürme oder das Teufelsmoor mit Worpswede, das so viele Künstler anzog und noch immer anzieht, gewähren einen tieferen Blick in das Leben an der Nordsee.

»Herzlich frisch und stärkend war der Wind. Die Wanderungen auf dem festen Sand das Meer entlang waren meine Lust. Die freie Luft, der salzige Geschmack, die tosenden Wogen, die Wolken vor und über mir, der Strand, die Dünen, das graue Gras ...«
Emil Nolde (Deutscher Maler 1867–1956)

INHALTSVERZEICHNIS

NORDFRIESLAND 14

Helgoland 16
Sylt 18
Keitum 24
Nationalpark Wattenmeer 26
Föhr 28
Amrum, Pellworm 30
Die Halligen 32
Emil Nolde 34
Nordstrand 36
Husum, Friedrichstadt 38
Eiderstedt 40
Leuchttürme 42
Haubarge 44
Die Eider 46
St. Peter-Ording, Tönning 48
Dithmarschen 50
Meldorf 52
Nord-Ostsee-Kanal 54
Glückstadt 56
Itzehoe, Elmshorn 58

HANSESTADT HAMBURG 60

Altstadt 62
Neustadt 64
Jungfernstieg, Binnenalster 66
Katharinenviertel 72
Kulturstadt Hamburg 74
St. Michealis 76
St. Pauli 78
Reeperbahn 80
Hafen 82
Blohm & Voss 84
Speicherstadt 86
Hafensadt 88
Vierlande 90

HAFENSTADT BREMEN UND BREMERHAVEN 92

Bremen: Altstadt 94
Bremen: Rathaus und Roland 96
Bremen: Dom St. Petri 98
Bremerhaven 100

NIEDERSÄCHSISCHE NORDSEEKÜSTE 102

Altes Land 104
Stade 106
Hamburgisches und Niedersächsisches Wattenmeer 108
Cuxhafen 110
Fischfang 112
Hadeln, Wurster Heide 114
Worpswede 116

Teufelsmoor 118
Mühlen 120
Oldenburg 122
Ammerland, Zwischenahner Meer 124
Wilhelmshaven 126
Ostfriesland 128
Jadebusen, Jeverland 130
Norden, Aurich, Dornum 132
Sielhäfen 134
Ostfriesische Inseln 136
Wangerooge 138
Spiekeroog 140
Langeoog 142
Baltrum 142
Norderney 144
Juist 146
Borkum 148
Emden, Krumhorn 150
Fehnland 152
Papenburg, Leer 154
Meyer Werft 156

ANHANG

Register 158
Bildnachweis 160
Impressum 160

Oben: Die Idylle eines Sommertages lässt sich auf der Ostfriesischen Insel Borkum optimal genießen.

Bilder auf den vorigen Seiten:

S. 2/3 Der Leuchtturm Ostellenbogen auf Sylt gehört zu den ältesten, noch in Betrieb befindlichen Signaltürmen Deutschlands.
S. 4/5 Der alte Sielhafen von Dorum-Neufeld mit seinen Krabbenkuttern.
S. 6/7 Langeneß ist die größte Hallig in der Nordsee, auf ihren Salzwiesen finden Vögel sichere Brut- und Nistplätze.
S. 8/9 Am Grasbrook Terminal der HafenCity Hamburg liegt das pompöse Kreuzfahrtschiff »Queen Victoria« der Reederei Cunard.
S. 10/11 Auch wenn mal nicht die Sonne scheint, im Strandkorb von St. Peter-Ording kann man Wind und Wolken trotzen.

NORDFRIESLAND

Nordfriesland ist nicht nur der nördlichste Landkreis der Bundesrepublik Deutschland, er ist auch einer der schönsten. Faszinierend ist die sich immer wieder verändernde Küstenlinie: Jahr für Jahr holt sich die vom Wind aufgepeitschte Nordsee Teile von ihr zurück, während die Menschen schon seit dem 14. Jahrhundert angestrengt versuchen, andernorts Land zu gewinnen. Die Wirtschaft Nordfrieslands – mit den manchmal mondänen, manchmal verträumten Inseln und Küsten – lebt heute hauptsächlich von den rund eine Million Touristen jährlich.

Zu den beliebtesten Urlaubsaktivitäten gehört ein Spaziergang am Meer. Die nordfriesische Küste mit ihren zum Teil steil zum Strand hin abfallenden Dünen bietet grandiose Blicke tief ins Meer hinein und lädt am Abend zu spektakulären Sonnenuntergängen ein.

Sie ist die einzige Felsen- und Hochseeinsel Deutschlands. Wer Helgoland mit den berühmten Buntsandsteinfelsen und den darauf brütenden Lummen und Dreizehenmöwen besuchen will, muss mit dem Schiff anreisen. Die Geschichte der Insel ist unruhig: Viele Jahre gehörte sie zu Großbritannien, ab 1890 zu Deutschland – im Tausch gegen die Insel Sansibar. Im Dritten Reich war sie militärischer Stützpunkt, wurde während des Zweiten Weltkrieges heftig bombardiert und sollte nach dem Krieg gesprengt und damit komplett vernichtet werden. Das misslang glücklicherweise. Mitte der 1950er-Jahre kamen die ersten Menschen zurück nach Helgoland, bauten eine neue Existenz auf und begrüßten schon bald Touristen, die entweder nur für einen Tag oder auch wochenweise die klare Luft genießen und die Möglichkeit des steuerfreien Einkaufs nutzen möchten.

Vielbesuchtes Touristenziel des Helgolander Oberlandes und begehrtes Fotomotiv ist die »Lange Anna« am Nordhorn der Insel (großes Bild). Der 47 Meter hohe Felsenturm aus rotem Buntsandstein trotzt hier als Inselwahrzeichen seit Jahr und Tag der manchmal gewaltigen Brandung. Am Oststrand der »Düne«, einer kleinen, 1,5 Kilometer entfernten Nebeninsel, tummeln sich häufig Seehunde.

Sylt ist die nördlichste Insel Deutschlands, die kleine Gemeinde List der nördlichste Punkt der Republik. Aber Sylt ist nicht einfach nur eine Insel. Es ist auch ein Lebensgefühl. An den 40 Kilometer langen Sandstränden, in den teilweise bis zu 30 Meter hohen Dünen, hinter den grünen Deichen und in den zwölf schönen Orten lässt man es sich gut gehen. Vor 8000 Jahren wurde die Insel während einer Flut vom Festland abgetrennt, 1927 durch den Hindenburgdamm wieder mit ihm verbunden. Seitdem fahren bis zu 650 000 Urlauber jährlich über diesen Damm auf die 38,5 Kilometer lange und zwischen 350 und 1200 Meter breite Insel. Während an der Westküste der Wind die Nordsee an die Küste treibt, genießen auf der Ost- und damit der stillen Wattseite rund zwei Millionen Organismen pro Quadratmeter Wattenmeerboden die stillen Seiten der Nordsee, den Nationalpark Wattenmeer.

Klassische Leuchttürme, reetgedeckte Häuser, steil emporragende Kliffe, gemütliche Strandkörbe, windumtoste Dünen und endlose Strände, stürmische Winde und farbintensive Sonnenauf- und Sonnenuntergänge – all das macht den herb-romantischen Charme von Sylt aus. Am Strand scheint man dem Himmel ein Stück näher zu sein, aber die teils brodelnde See bei Flut holt einen immer wieder auf die Erde zurück.

KEITUM

Die auf der Nössehalbinsel gelegene kleine Gemeinde Keitum gilt weithin als das schönste Dorf der Insel Sylt und mit seinen herrlichen Alleen und gepflegten Bauerngärten als deren grüner Mittelpunkt. Zu Beginn des 13. Jahrhunderts erstmals urkundlich erwähnt, war Keitum einst der Hauptort der Insel. Zur »goldenen Zeit des Walfangs« ließen sich hier im 17. und 18. Jahrhundert zahlreiche Schiffskapitäne nieder, die dem Ort viel Wohlstand brachten. In den engen Straßen und romantischen Gässchen scheint die Zeit stehen geblieben zu sein: Hier spricht man noch vereinzelt »Sölring«, das Insel-Friesisch, und mancher Bewohner ist noch immer stolzer Besitzer einer friesischen Tracht. Doch spätestens im Sommer lockt Keitum die ganze Welt: Zum alljährlichen Poloturnier kommen Teilnehmer und Gäste aus allen Regionen der Erde, um diesem Sport zu huldigen.

Typisch für Keitum sind die liebevoll restaurierten Friesenhäuser mit ihren reetgedeckten Dächern und ihren Gärten mit altem Baumbestand (großes Bild, kleine Bilder links oben und unten). Das »Altfriesische Haus«, ehemals Wohnstätte des Inselchronisten Christian Peter Hansen (1803–1879), ist heute ein Museum, das den Besuchern die friesische Wohnkultur des 18. Jahrhunderts nahebringt (Bildleiste oben).

NATIONALPARK WATTENMEER

Das Wattenmeer ist Rastplatz für mehr als zwei Millionen Zugvögel und Brutplatz für rund 100 000 brütende Brandgänse, Eiderenten, Möwen und Schwalben. Außerdem ist das Watt Kinderstube für Heringe, Seezungen und Schollen sowie Lebensraum für Kegelrobben, Seehunde und Schweinswale: Der Nationalpark Schleswig-Holsteinisches Wattenmeer bietet über 3000 verschiedenen Tier- und Pflanzenarten paradiesische Zustände. Und das von der dänischen Grenze bis zur Elbmündung auf einer Fläche von über 4000 Quadratkilometern. Schleswig-Holstein war das erste Bundesland, das die nördlichen Flächen des Wattenmeeres unter Schutz stellte. Seit 1985 ist es Nationalpark, seit 1990 Biosphärenreservat. Aufgeteilt wurde der Nationalpark Wattenmeer in drei Schutzzonen: In der ersten Zone, dazu gehören die Seehundbänke, dürfen sich Menschen nicht oder nur auf ausgewiesenen Wegen aufhalten, Teil der zweiten Schutzzone ist das Walschutzgebiet. Die dritte Zone dient der Fischerei, dem Tourismus und auch der Erdölförderung. So grau und leblos, wie sich das Wattenmeer den Besuchern auch darstellen mag – es ist ein perfektes und besonders nahrungsreiches Ökosystem. Viele Tier- und Pflanzenarten haben sich sogar auf den Lebensraum Salzwiesen eingestellt. Zu den bekanntesten zählt der Wattwurm.

Viele verschiedene Tier- und Pflanzenarten sind hier im Wattenmeer zu Hause. Manche Bewohner wie die Schwimmkrabbe oder der Einsiedlerkrebs zeigen sich erst, wenn das Wasser bei Ebbe zurückgeht. Andere wie die Scholle oder der Seehund (senkrechte Bildleiste, von unten nach oben) sind wahre Schwimmkünstler. Auch Austernfischer und Rotschenkel (Bildleiste oben) sind im Watt zu beobachten.

Ferienglück vom Feinsten: Auf der fast kreisrunden und rund 82 Quadratkilometer großen Insel Föhr entdeckte schon König Christian VIII. Mitte des 19. Jahrhunderts die wohltuende Luft, die schöne Landschaft und den fast 15 Kilometer langen Sandstrand im Süden der Insel. Zentrum der Insel ist das Nordseebad Wyk mit seiner Promenade, einem pittoresken Hafen und einer Fußgängerzone, die alles bietet, was das touristische Herz begehrt. Der westliche und südliche Teil von Föhr ist eine Altmoräne – ein Überbleibsel aus alten Eiszeiten. Er liegt höher und ist trockener als der nördliche und der östliche Teil, bei dem es sich um flaches Marschland handelt, das in den vergangenen Zeiten nach und nach durch Landgewinnung entstand. Plattes Land, auf dem hier und dort ein Hof mit friesischer Ruhe zu finden ist – die Marschlande der Insel sind stiller und weniger touristisch.

Mit seinen liebevoll gepflegten Friesenhäusern (großes Bild) und seinen prächtig restaurierten Windmühlen (kleines Bild) strahlt Föhr viel Ruhe und Beschaulichkeit aus. Diese Vorzügen wissen die zahlreichen Besucher zu schätzen, die entweder als Feriengäste die Insel längerfristig besuchen oder als Tagestouristen mit der Fähre von der Nachbarinsel Amrum oder von der Festlandstation Dagebüll kommen.

Südwestlich von Föhr liegt die beschauliche Insel Amrum mit ihren bis zu 30 Meter hohen Dünen, einem teilweise bis zu zwei Kilometer breiten und 15 Kilometer langen Sandstrand – dem berühmten »Kniepsand« (eine langsam wandernde Sandbank). Auf der 20 Quadratkilometer kleinen Insel leben rund 2200 Menschen in fünf Dörfern, von denen das Friesendorf Nebel das bekannteste und beliebteste ist. Wer schnell einen Überblick über die gesamte Insel mit ihren Dünen, Wäldern und Marschlanden haben will, sollte den 66 Meter hohen Leuchtturm zwischen Nebel und Wittdün besteigen: Von dort sieht man die gesamte Insel und manchmal sogar noch Föhr und einige Halligen. Das mit 3500 Hektar umfassende kleine und fruchtbare Eiland Pellworm – es liegt 50 Zentimeter unter dem Meeresspiegel – wäre ohne seine wuchtigen Deiche wohl schon lange im Meer versunken.

Fast 300 Stufen führen auf die Aussichtsplattform des Amrumer Leuchtturms (kleines Bild links), der sich stolz über den Dünen erhebt. Ein weiteres Wahrzeichen der Insel ist die denkmalgeschützte Windmühle in Nebel (kleines Bild rechts), die heute ein Heimatmuseum beherbergt. Die Turmruine der Alten Kirche (großes Bild), im 13. Jahrhundert erbaut, ist die Hauptsehenswürdigkeit der kleinen Insel Pellworm.

DIE HALLIGEN

»Land unter!« heißt es mehrfach im Jahr auf den zehn Halligen vor dem Festland Nordfrieslands. Dann, wenn die herbstlichen Stürme über das Meer fegen, bleibt von den Überbleibseln ehemaliger Inseln oder den winzigen Landfetzen des einstigen Festlandes nicht mehr viel übrig: Wiesen und Weiden werden überflutet, das Vieh wird eilig in die Stallungen getrieben, die Fenster verschlossen und dann beginnt das Warten und das Hoffen. Das Warten auf das Ende der Flut und das Hoffen, dass nicht einer der Bullen in der Enge der Warft durchdreht. Nur wenige Menschen leben auf den Warften der Halligen, jenen aufgeschütteten Hügel, auf denen die Wohn- und Wirtschaftsgebäude der Landwirte stehen. Sie leben ein einsames Leben im Winter und ein durchaus turbulentes im Sommer, wenn die Touristen kommen, um sich dieses Leben anzuschauen. Fünf der Halligen sind bewohnt und bewirtschaftet: Gröde, Hooge, Langeneß, Nordstrandischmoor und Oland. Langeneß ist mit seinen 956 Hektar, 16 Warften und 110 Einwohnern die größte. Die kleinste Hallig ist Habel. Sie ist nur sieben Hektar groß und unbewohnt. Norderoog und Süderoog haben Vogelschutzstationen, die teilweise ganzjährig besetzt sind, zum Schutzgebiet des Nationalparks Schleswig-Holsteinisches Wattenmeer gehören und besichtigt werden können.

Auf ihren Warften, von allen Seiten von Wasser umgeben, führen die Halligen und ihre Bewohner ein beschauliches Leben (großes Bild, kleines Bild links). Wie hier auf Langeneß besitzt jede Hallig eine eigene Kapelle (Bildleiste oben). Das Heimatmuseum auf Hooge präsentiert Exponate zur Halliggeschichte, wozu auch Ausstellungsstücke zur friesischen Wohnkultur (Bildleiste, 2., 3. und 4. Bild von oben) gehören.

EMIL NOLDE

In vielen seiner farbintensiven Gemälden taucht die typische nordfriesische Landschaft auf mit ihrem großen Himmel über flacher Ebene, mit kleinen Friesenhäusern und gewaltigen Wolkenbergen, die vom Wind getrieben über sie hinwegjagen. Emil Nolde, einer der führenden Maler des Expressionismus, war tief mit Nordfriesland verbunden. 1867 in Nolde bei Burkal (heute Dänemark) als Hans Emil Hansen geboren, wählte der Künstler ab 1902 den Namen seines Heimatdorfes. 1926 erwarb er gemeinsam mit seiner Frau Ada in der Gemeinde Neukirchen nahe der Grenze zu Dänemark eine Warft und ließ dort »Seebüll« errichten, ein Gebäude, das als Wohnstätte, Atelier und Ausstellungsfläche diente. Hier entstanden viele seiner berühmten Kunstwerke. Nahe dem Haus legte das Paar einen Garten an, dessen Wege die Anfangsbuchstaben ihrer Vornamen, also A und E, wiedergeben. Nach seinem Tod im Jahr 1956 wurde die Anlage in eine Stiftung überführt. Das nahezu unveränderte Anwesen ist heute ein Museum und zeigt in wechselnden Ausstellungen einen Querschnitt seiner Arbeiten. Die Stiftung, ein Gesamtkunstwerk des Expressionismus, zieht jährlich rund 100 000 Kunstinteressierte an, die hier nicht nur Emil Noldes herausragende Werke bewundern, sondern auch dem Maler selbst nachspüren.

Nicht nur das Wohn- und Ateliergebäude (kleines Bild) in Seebüll, sondern auch der Garten ist für Besucher freigegeben. Wie sehr Emil Nolde, der sich auch in Selbstpoträts verewigte (Bild links), zeitlebens in und mit der Natur lebte, zeigen auch die Blumenarrangements im historischen Garten und seine Gemälde, die immer wieder Blumen (großes Bild) und ausdrucksstarke Landschaften präsentieren.

NORDSTRAND

Nordstrand, eine 49 Quadratkilometer kleine Insel, wurde in den Jahren zwischen 1906 und 1934 durch den Bau eines 2,5 Kilometer langen Straßendammes mit dem Festland verbunden. Die Insel wurde von jeher durch zahlreiche schwere Sturmfluten immer wieder zerstört. Menschen flüchteten auf Nachbarinseln oder aufs Festland. Heute ist Nordstrand durch so hohe Deiche geschützt, dass es als sturmflutsicher gilt. 1990 wurde es zum Nordseeheilbad ernannt, was die Touristen zu schätzen wissen. Sie genießen es, die Insel auf dem hohen Deich zu Fuß oder mit dem Fahrrad zu umrunden, von Strucklahnungshörn zu anderen Halligen oder nach Pellworm aufzubrechen, sich in den Informationszentren über den Nationalpark Wattenmeer zu informieren oder sich auf dem Deichvorland bei Süderhafen den erfrischenden Nordseewind ins Gesicht pusten zu lassen.

Nordstrand gilt mit seinen fruchtbaren Feldern und Wiesen so weit das Auge reicht (kleines Bild oben) als das grüne Herz des Wattenmeers. Die Insel beherbergt viele verschiedenen Pflanzen- und Tierarten und ist Lebensraum und Brutgebiet zahlreicher See- und Strandvögel, darunter der Kiebitz (großes Bild), der Austernfischer (Bildleiste links, 2. Bild von oben) und verschiedene Möwenarten.

HUSUM, FRIEDRICHSTADT

Theodor Storm (1817–1888) nannte sie einst in seinen Erzählungen »die graue Stadt am Meer«. Heute ist Husum alles andere als grau. Die kleine Stadt an der Westküste Schleswig-Holsteins ist mit ihren 21 000 Einwohnern, ihren schönen Giebelhäusern im historischen Stadtkern, ihrem Schloss aus dem 16. Jahrhundert und dem Binnenhafen seit vielen Jahren kultureller Mittelpunkt Nordfrieslands. Der schönste Teil Husums ist der Marktplatz mit seinen repräsentativen Bürgerhäusern und dem Rathaus aus den Anfängen des 17. Jahrhunderts. Friedrichstadt, ein kleiner Ort 13 Kilometer südlich von Husum, verzaubert durch sein holländisches Flair. Herzog Friedrich III. von Schleswig-Gottorf gründete die Stadt 1621 für niederländische Glaubensflüchtlinge. Mit ihren Grachten und den kleinen Giebelhäusern wähnt man sich ineiner holländischen Kleinstadt.

Friedrichstadt, die Holländerstadt, wartet mit vielen sehenswerten Gebäuden und Plätzen auf. An der Westseite des Marktplatzes erhebt sich ein Ensemble aus neun hohen und schmalen Treppengiebeln (großes Bild), die aus der ersten Hälfte des 17. Jahrhunderts (zur Stadtgründung) stammen. Mit seinen hohen Giebeln und Türmen hat sich das Schloss von Husum (kleines Bild) zum städtischen Wahrzeichen entwickelt.

EIDERSTEDT

15 Kilometer breit und 30 Kilometer lang ist die Halbinsel Eiderstedt, die im 15. Jahrhundert von Menschenhand unter Mühsal dem Meer abgerungen wurde – wunderschönes Marschland, auf dem es mehr Schafe als Menschen gibt. Steht man auf dem hohen Deich, der die Halbinsel vor den Fluten schützt, kann man weit hinaus ins Land schauen. Dann sieht man die gedrungenen romanischen Kirchen in den Orten und die Haubarge, jene für diese Gegend typischen, friesischen Bauernhäuser. Hier wohnten die Bauern mit ihren großen Familien, hatten unter den hohen Dächern ihre Vorratsräume, das Vieh tummelte sich in den Stallungen und im Mittelgeviert lagerte man sein Heu. Heute kommen die Touristen mit ihren Fahrrädern, strampeln gegen den immer blasenden Wind an, genießen die Ruhe, das weite Land und kehren in den zahlreichen Dorfgasthöfen ein.

Wahrzeichen der Halbinsel Eiderstedt ist der 1906 etwa einen Kilometer vor dem Seedeich auf einer Warft errichtete Leuchtturm Westerheversand (großes Bild). Flankiert wird der Turm von zwei Wärterhäuschen, die allerdings heute nicht mehr besetzt sind, weil das Feuer von Tönning aus kontrolliert wird. An manchen Tagen ist das Licht des Leuchtturms sogar auf der Insel Helgoland zu sehen.

LEUCHTTÜRME

Sie sind rot-weiß oder schwarz-weiß gestreift, manchmal einfarbig, für viele Menschen haben sie etwas Mystisches, etwas Sehnsuchtsvolles: Leuchttürme gibt es, so vermutet man, seit vielen Jahrhunderten. Im 13. Jahrhundert versuchte man mittels Kerzenlaternen, die ein eher müdes Licht verbreiteten, den Schiffen einen Weg zu leuchten. Im 15. Jahrhundert entzündete man die ersten regelmäßig brennenden Feuer in einem Eisenkorb auf einem Turm. Mit den Jahrhunderten erfand man neue Techniken und neue Lampen, wie die Petroleumlampen. Eine spezielle Linsenoptik schaffte es, die Tragweite des Lichts zu erhöhen. Letztendlich war es eine deutsche Firma, die im 19. Jahrhundert Funktionalität und das Aussehen der Leuchttürme optimiert hat. Weltweit leuchten heute noch schätzungsweise über 10 000 Leuchttürme, einige der schönsten davon an der deutschen Nordseeküste, wie der große Leuchtturm auf Amrum, der bereits seit 1875 mit seinem Leuchtfeuer als Orientierung für die Seefahrt dient. Skeptiker orakeln, dass es nur noch eine Sache der Zeit sei, bis die Leuchttürme verschwänden. In Zeiten von Satellitennavigation würden sie überflüssig. Vielleicht als Leuchtfeuer, aber nicht als Bauwerk. Denn: Schon heute werden einige als Wohnhaus oder als Hochzeitsturm verwendet.

Auch wenn es im Zuge der technischen Entwicklung heute bereits andere Navigationshilfen wie Satelliten oder Radar gibt, die den Schiffen den Weg weisen, erfüllen die optischen Lichtzeichen der Leuchttürme doch noch immer eine wichtige Aufgabe. Sie erheben sich weithin sichtbar, wie auf den Bildern zu sehen, über Land und Meer und bieten auch bei widrigen Umständen einen verlässlichen Ortungspunkt.

HAUBARGE

Haubarge kann man heute nur noch auf der Halbinsel Eiderstedt finden. Im ausklingenden 16. Jahrhundert begannen westfriesische Einwanderer diese Form der quadratischen Bauernhäuser zu errichten. Bei allen Haubargen handelt es sich um sogenannte Ständerbauten, die entweder von vier, sechs oder acht Ständern getragen werden. Im Inneren eines solchen Bauernhauses entstand ein Quadrat, auf dem sich das damalige Leben abspielte. Die Ernte wurde dort gesammelt und auch die Diele, die Schlaf- und Wohnräume befanden sich dort. Die Familien lebten in diesem Raum gemeinsam mit ihren Tieren und mit ihrem Gesinde. Das Heu für den Winter wurde unter dem oft bis zu 20 Meter hohen, mit Reet gedeckten Dach gelagert. Mitte des 19. Jahrhunderts gab es noch 360 Haubarge auf der Halbinsel Eiderstedt. Heute sind es nicht einmal mehr 50. Der Erhalt der riesigen Gebäude mit ihren teilweise bis zu 1000 Quadratmeter großen Reetdächern wurde den Eigentümern zu teuer. Sie verfielen oder wurden an Besitzer verkauft, die die Haubarge zweckentfremdeten. Einer der berühmtesten noch erhaltenen ist der »Rote Haubarg« von 1647. In diesem Gebäude hat sich ein Museum etabliert, in dem die Besucher einen hervorragenden Einblick in das damalige landwirtschaftliche Leben und Arbeiten erhalten.

Die für Eiderstedt typischen imposanten Bauernhäuser waren ursprünglich Ein-Haus-Gehöfte. In dem Gebäude waren also gleichzeitig die Ställe, die Lager für das Winterfutter, die Dreschtenne und die Menschen untergebracht. Der Kern der Haubarg ist ein Vierkant, der aus hölzernen Ständern mit Querbalken (kleines Foto) gebildet wird. Einige Haubarge sind heute zu Gästehäusern (großes Bild) umgebaut worden.

DIE EIDER

188 Kilometer ist die Eider lang und damit der längste Fluss in Schleswig-Holstein. Ihre Quelle liegt südlich von Kiel auf dem Gebiet des Gutes Schönhagen bei Bothkamp. Obwohl ihre Quelle so nah an der Ostsee liegt, fließt die Eider durch den Schulensee, den Westensee immer weiter gen Westen. Auf dem Weg Richtung Nordsee teilt sie sich ein kleines Stück ihres Weges mit dem Nord-Ostsee-Kanal, um dann bei Friedrichstadt und Tönning einen neun Kilometer langen und zwei Kilometer breiten Mündungstrichter zu bilden. Hier ist die Eider den Strömungen von Ebbe und Flut ausgesetzt und somit teilweise bis zu 20 Meter tief. Der Fluss hat eine lange Geschichte. 1000 Jahre lang bildete er die Grenze des Heiligen Römischen Reiches Deutscher Nation, dann war er Sprachgrenze zwischen dem Niederdeutschen und dem Dänischen. Heute ist die Eider vor allem wegen ihres gigantischen Sperrwerkes an ihrer Mündung in die Nordsee bekannt. Seit seiner Fertigstellung im Jahre 1973 trennt es die Nordsee von der Eidermündung. Ein knapp fünf Kilometer langer und 8,5 Meter hoher Damm wurde errichtet, in dem fünf Strömungstore das Festland vor Überschwemmungen schützen sollen. Bei ruhigem Wetter bleiben die riesigen Tore geöffnet, droht allerdings eine Sturmflut, so werden die Tore geschlossen.

Die Eider hat starke Strömungen, die durch Ebbe und Flut verursacht werden. Durch diese gewaltigen Bewegungen hat sich das Flussbett tief in den Boden gegraben, so dass die Eider stellenweise bis zu 20 Meter tief ist (großes Bild). Das Eidersperrwerk (kleines Bild) ist mit ihren zwei, jeweils mit fünf Toren ausgestatteten, Reihen das größte und sicherste Küstenschutzbauwerk Deutschlands.

ST. PETER-ORDING, TÖNNING

Ganz am äußersten Zipfel der Halbinsel Eiderstadt liegt St. Peter-Ording, das in den vergangenen Jahrzehnten aus vier Dörfern zusammen gewachsen ist. Die Gemeinde St. Peter-Dorf ist mit ihrer gotischen Backsteinkirche St. Petri die älteste. St. Peter-Bad wurde durch seine Schwefelquellen, St. Peter-Böhl durch seinen Leuchtturm bekannt. St. Peter-Ording schließlich wurde ein Mekka für Strandsegler, Wattwanderer und Drachenflieger. Elf Kilometer lang und teilweise über 500 Meter breit ist der Strand dort. Bei Ebbe ist Zeit genug, um sich in einem der Pfahlbauten-Restaurants am Strand eine Stärkung zu gönnen. Stärkung fürs Auge bietet die kleine Hafenstadt Tönning. Schon vor rund 2000 Jahren sollen hier Menschen gesiedelt haben. Heute ist die reizvolle Stadt Ziel zahlreicher Touristen, die in die schöne Atmosphäre der historischen Gebäude eintauchen.

Das direkt an der Eider liegende Tönning war jahrhundertelang eine wichtige Grenzstadt mit florierendem Durchgangshafen zur Nordsee. Heute ist der kleine Fischerei- und Sportboothafen (kleine Bilder) ein eher beschaulicher Ort. Strandurlauber können es sich dagegen in St. Peter-Ording in einem der für die nordfriesische Küste so typischen Strandkörbe (großes Bild) gemütlich machen.

DITHMARSCHEN

Ein stolzer Landstrich mit stolzen Menschen: Dithmarschen schaut auf eine lange und auch wohlhabende Geschichte zurück. Die einstige Hauptstadt Heide des bis ins 16. Jahrhundert unabhängigen Landstriches erinnert mit ihren schönen Baudenkmälern an diese Zeiten. Die Landschaft zwischen Nordsee, Eider und Elbe mit ihren Marschen wurde in Jahrtausenden durch die Fluten der Nordsee angeschwemmt. Noch heute ist sie enorm fruchtbar und landwirtschaftlich geprägt. Neben der Stadt Heide sind vor allem die Orte Meldorf mit dem Dom, Brunsbüttel, Wesselburen, der Geburtsort des Dramatikers und Lyrikers Friedrich Hebbel (1813–1863), sowie der Ferienort Büsum bekannt. Schon ab 1837 entwickelte sich die kleine Stadt mit ihren Strandkörben auf Wiesen und Sand, mit den bunten Kuttern, die ihren frisch gefangenen Fisch verkaufen, zu einem beliebten Seebad.

Die Region Dithmarschen lebt nicht nur vom Fremdenverkehr, sondern ist auch einer der Hauptproduzenten von Windenergie (großes Bild). Die Dithmarsche Stadt Büsum gehört zu den größten Touristenmagneten an der schleswig-holsteinischen Küste. Im Hafen (kleines Foto) liegen Krabbenfischerschiffe, aber auch viele Ausflugsboote vor Anker. Von Büsum aus starten auch Tagesfahrten nach Helgoland .

MELDORF

Die kleine Stadt Meldorf, die aktuell etwa 7000 Einwohner zählt, war im Mittelalter florierendes Zentrum der Region Dithmarschen und erhielt 1265 das Stadtrecht. Seine ursprüngliche Lage auf einer ins Wattenmeer hineinreichenden Geestinsel verlor der Ort durch die nachhaltigen Maßnahmen zur Landgewinnung, so dass Meldorf heute etwa sechs Kilometer von der Küste entfernt liegt. Mit seinen über das ganze Jahr verteilten Aktivitäten im Bereich Kunst und Kultur wie zum Beispiel »Frequenzen«, dem Festival für Weltmusik, hat sich Meldorf zu einem kulturellen Mittelpunkt des Dithmarschen entwickelt. Neben dem Dithmarschen Landesmuseum, der Museumsweberei und verschiedenen anderen Ausstellungen ist es vor allem der wuchtige, im 13. Jahrhundert im Stil der Backsteingotik erbaute Dom im Stadtzentrum, der viele Besucher aus nah und fern anzieht.

Die dreischiffige mit Querschiff und Chor ausgestattete Sankt-Johannis-Kirche, wie der Dom offiziell heißt, prägt mit ihrem 59 Meter hohen Turm das Stadtbild (kleines Bild). Der Innenraum der Kirche entspricht mit seinen Gewölbefresken und Heiligenbildern noch ganz dem gotischen Stil seiner Entstehungszeit (großes Bild). Besonders auffällig ist der Bronzetaufkessel, der um das Jahr 1300 datiert wird.

NORD-OSTSEE-KANAL

Jährlich befahren rund 50 000 Schiffe diese künstliche Wasserstraße zwischen Brunsbüttel und Kieler Förde. Schon die Wikinger kannten eine Verbindung – allerdings mussten sie ihre Drachenboote noch mehrere Kilometer über Land schleppen. Ab 1784 schloss der Schleswig-Holstein-Kanal diese Lücke. Als dieser zu eng wurde, hoben 9000 Arbeiter in nur acht Jahren den Kaiser-Wilhelm-Kanal aus. Allerdings lagen die Kosten für die Erweiterung wesentlich höher als die ursprünglich aufgewendeten Kosten des Baus. Militärische Erwägungen hatten das Mammutprojekt beschleunigt: Die neue deutsche Flotte sollte sowohl in der Ost- als auch in der Nordsee komplett zum Einsatz kommen können. Die heute Nord-Ostsee-Kanal genannte internationale Wasserstraße mit einer Länge von 98,6 Kilometer erspart rund 740 Kilometer Seeweg um die dänische Halbinsel herum und beschert teils verblüffende Perspektiven mit Ozeanriesen inmitten grüner Uferumrandungen. Radwanderer können hier auf landschaftlich reizvollen Wegen Seite an Seite mit Frachtern und Containerschiffen in die Pedale treten, manche Fährleute befördern Reisende auch mal kostenfrei und diverse Sport- und Kulturevents entlang des Kanals machen die Strecke zu einem touristisch attraktiven und beliebten Ferienziel und Ausflugsgebiet.

Mehr als 30 000 Schiffe durchfahren Jahr für Jahr den Nord-Ostsee-Kanal, der zu den meistbefahrenen Wasserstraßen der Welt gehört. Es sind Schiffe aller Arten und Größen, die diese zeitsparende Verbindung nutzen. Neben Containerschiffen (kleines Bild), die Waren aus aller Herren Länder transportieren, bescheren auch Fischereischiffe oder Passagierdampfer (großes Bild) Fahrgästen ein unvergessliches Erlebnis.

GLÜCKSTADT

Glückstadt – die Stadt mit dem optimistischen Namen und der Göttin Fortuna im Wappen blickt auf eine bewegte Vergangenheit zurück: 1617 von Christian IV., König von Dänemark und Herzog von Schleswig und Holstein, als machtpolitische Basis für seine Aktivitäten in Norddeutschland gegründet, entwickelte sich die Fürstenstadt zur Hauptstadt des Landes. Mit enormen Festungsanlagen gesichert, überstand sie im Dreißigjährigen Krieg die Belagerung durch Wallensteins Truppen und schlug 1644/45 die Schweden erfolgreich zurück. Heute ist das direkt an der Elbe liegende Städtchen mit seinen beschaulichen Gässchen und dem historischen Stadtkern ein vielbesuchter Erholungsort. In den gemütlichen Quartieren und Restaurants wird neben anderen lokalen Köstlichkeiten auch der Glückstädter Matjes, eine weit über Deutschland hinaus bekannte Spezialität, angeboten.

Mit dem zentralen Marktplatz, den von dort sternförmig verlaufenden Straßen und den heute baumbestandenen Wallanlagen ist Glückstadt ein Paradebeispiel für eine frühe, auf dem Reißbrett gestaltete Stadt. Die Traufen- und Giebelhäuser um den kleinen Binnenhafen, erzählen von der maritimen Vergangenheit (großes Bild). Die Häuserzeile (kleines Bild) gehört zu den bedeutendsten Uferstraßen in Norddeutschland.

ITZEHOE, ELMSHORN

Umgeben von grünen, dichten Wäldern, direkt an der Stör, liegt die kleine Stadt Itzehoe, die schon im Mittelalter ein wichtiger Handelsplatz war. Die Stadt bietet schöne Architektur, wie das Rathaus (1695), den Prinzesshof, ein herrschaftliches Gebäude aus dem 18. Jahrhundert, oder die Renaissance-Anlage Schloss Breitenburg. Heute ist Itzehoe mit seinen 35 000 Einwohnern ein Industriestandort. In Elmshorn, im Nordwesten von Hamburg, an der Grenze zwischen Marsch und Geest, wurden im Zweiten Weltkrieg viele sehenswerte Gebäude zerstört. Zu den erhaltenen Denkmälern der Stadt zählen die St. Nikolaikirche, das Gebeinhaus und einige Fachwerkhäuser. Die Parks und Seen der Stadt wurden künstlich angelegt. Empfehlenswert ist ein Spaziergang durch die knapp 4000 Bäume und den Bauerngarten des Arboretums, fünf Kilometer westlich von Elmshorn.

Entstanden aus der um das Jahr 1000 gegründeten Burganlage »Echeho«, gehört Itzehoe zu den ältesten Städten Holsteins. Das Stadtbild wird von der St. Laurentii-Kirche geprägt (großes Bild), die Anfang des 18. Jahrhunderts als barocker Backsteinbau errichtet wurde. Auch wenn in Elmshorn ein Großteil der historischen Bausubstanz zerstört wurde, kann man viele sehenswerte Eindrücke sammeln (kleines Bild).

HANSESTADT HAMBURG

Das Hamburg des 21. Jahrhunderts ist neu, lebendig und bunt. Hamburg ist in der Zukunft angekommen, in einer Zukunft, die auch Vergangenheit hat. Das macht den unverwechselbaren Charme aus: Hamburg war und ist eine bedeutende Handelsstadt, der Hafen an der Elbe einer der größten Europas, in dessen Herz, der Speicherstadt, gerade eine glitzernde neue Kultur- und Bürowelt entsteht. Inmitten der Stadt glitzert die Alster mit ihren Fleeten und weißen Jugendstilhäusern. In Stadtteilen wie Ottensen oder dem Schanzenviertel treffen alternative Kulturen zusammen.

Die Alsterarkaden mit der Kleinen Alster und dem Rathaus im Hintergrund bilden heute eine beliebte Bummelszenerie. Sie entstanden von 1843 bis 1846 und sind nach dem Vorbild des Markusplatz in Venedig gebaut worden. In den Gängen sind exklusive Läden angesiedelt.

ALTSTADT

Die Altstadt Hamburgs, das Areal am Nordufer der Elbe – die Hamburger nennen es schlicht »Innenstadt« –, war bis ins 19. Jahrhundert das eigentliche Hamburg. Hier wohnte man, hier wurde gearbeitet, gehandelt und verwaltet. Heute wird in wunderschönen Passagen edel eingekauft und zwischen den historischen Kirchen, dem Rathaus aus Sandstein und seinem typischen Kupferdach gearbeitet. Am Jungfernstieg, der vornehmsten Promenade Hamburgs und dem schönsten Ufer der Binnenalster, wird gelebt und pausiert. Im Restaurant Alsterpavillon – erstmals 1799 eröffnet – hat schon Heinrich Heine gesessen. Von hier schaut man auf die Flotte der Alsterdampfer, die den Gästen einen ganz anderen Blick auf die Stadt zeigt. Man hat aber auch die Kaufmannshäuser an den Ufern der Binnenalster und das hanseatische Geschäftsleben im Blick.

Das Hamburger Rathaus (großes Bild) wirkt mit seinen prunkvollen Räumen und Sälen wie der Rathausdiele, dem Senat, dem Großen Festsaal und dem Kaisersaal (Bildleiste von oben nach unten) wie eine Schlossanlage. Die 1195 erstmals urkundlich erwähnte St. Petrikirche (oben links) prägt die Altstadtsilhouette. Das vom Expressionismus inspirierte Chilehaus (oben rechts) bildet ein weiteres architektonisches Highlight.

An der einen Seite das mondäne Rotherbaum, an der anderen das aufgeregte St. Pauli – die Neustadt hatte es schon immer ein bisschen schwer, sich zwischen den beiden Vierteln zu behaupten. Lästige Einrichtungen waren hier untergebracht, wie etwa stinkende Ziegeleien. Nicht zu vergessen: der Pestfriedhof. Die Neustadt wurde erst Armen-, dann Judenviertel und in den 1950er-Jahren, mit dem Bau der Ost-West-Straße, Geschäftsviertel mit Bürokomplexen. Das schönste Bauwerk ist zugleich das Wahrzeichen Hamburgs: die Hauptkirche St. Michaelis mit ihrem 132 Meter hohen Turm, liebevoll »Michel« genannt. Einen Einblick in die Wohnsituation der damaligen armen Bevölkerung gewähren die Krameramtsstuben aus dem Jahre 1676. Der Großneumarkt, Mittelpunkt des einstigen Gängeviertels mit seinen Fachwerkhäusern auf unmenschlich engem Raum, ist heute Kneipenviertel.

Unterhalb des Michels bildeten die Krameramtsstuben mit ihren kleinen Läden und Restaurants (großes Bild) Hamburgs letztes vollständiges Hofensemble des 17. Jahrhunderts. Ganz modern geht es dagegen auf der Fleetinsel (kleines Bild links) zu. Der Bezirk hat sich zum Galerieviertel entwickelt. Die Geschäftstraße Neuer Wall (kleines Bild rechts) ist Hamburgs erste Adresse für Luxuslabels und Designermarken.

JUNGFERNSTIEG, BINNENALSTER

Im 17. Jahrhundert wurde aus dem Damm, der einst zum Aufstauen der Alster angelegt worden war, ein gepflasterter Spazierweg, auf dem reiche Hanseaten vorzugsweise ihre ledigen Töchter ausführten. Noch heute – etliche Umgestaltungen später – wird am Jungfernstieg gern promeniert. Der Boulevard der gehobenen Ansprüche zwischen der Reesedammbrücke und dem Gänsemarkt bildet mit den angrenzenden Straßen Hamburgs exklusives Einkaufs- und Geschäftsviertel. Am Neuen Jungfernstieg trifft sich die High Society im Haus des Übersee-Clubs und im Hotel Vier Jahreszeiten. Etwas bescheidener geht es im Alsterpavillon zu, dem legendären Kaffeehaus, das auf über 200 Jahre Geschichte zurückblicken kann. Eine großzügige Terrassen- und Treppenanlage an der Wasserseite führt zum Anleger der Alsterflotte, die hier zu ihren Rundfahrten ablegt.

Der Blick von der Lombardsbrücke über die Binnenalster auf den Jungfernstieg mit den alten Kontor- und Stadthäusern und dem Alsterpavillon gehört zu den schönsten Panoramen Hamburgs (großes und kleines Bild). 1838 als erste Straße Deutschlands asphaltiert, ist der luxuriöse Boulevard heute eine beliebte Flaniermeile, wenngleich der Autoverkehr den Spaziergenuss ein wenig schmälert.

ALSTERHAUS

KATHARINENVIERTEL

Bereits um 1250 wurde die St. Katharinenkirche als Gotteshaus für die Bewohner der Marschinseln Cremon und Grimm errichtet. Der Backsteinbau entstand jedoch erst zwischen 1377 und 1426, der barocke Turmhelm wurde im 17. Jahrhundert aufgesetzt. Glaubt man der Legende, so stammt die goldene Verzierung aus dem Schatz von Klaus Störtebeker. Von Bomben 1943 bis auf die Außenmauern zerstört, wurde die Kirche in den 1950er-Jahren originalgetreu rekonstruiert. Die Innenausstattung war allerdings für immer verloren. Auch die mittelalterliche Altstadt rund um die Kirche vis-à-vis der Speicherstadt gibt es nicht mehr. Ein Teil von dem, was den Krieg überstanden hatte, fiel dem Bau der Ost-West-Straße, heute Willy-Brandt-Straße, oder Bürogebäuden zum Opfer. Auf dem Gebiet des alten Dovenhofs entstand beispielsweise das Spiegel-Hochhaus.

Die St. Katharinenkirche, eine von den fünf Hamburger Hauptkirchen, liegt gegenüber der historischen Speicherstadt (alle Bilder). Mitte des 18. Jahrhunderts predigte hier Pastor Johann Melchior Goeze, ein energischer Gegner der Aufklärung. Heute gilt die Kirche als besonders aufgeschlossen: 1992 fand hier der erste große Hamburger AIDS-Gottesdienst unter dem Motto »Celebrate Your Life« statt.

Wer glaubt, dass Museen langweilig und antiquiert und Theater nur mit unverständlichen Inszenierungen althergebrachter Klassiker verbunden sind, hat sich geirrt: In Hamburg sind Museen spannend, Theater aufregend. Schon vor über 20 Jahren machte die Hamburger Kunsthalle mit ihrer Caspar-David-Friedrich-Ausstellung Furore, Ende der 1990er-Jahre eröffnete die Galerie der Gegenwart, die seither immer wieder faszinierende Wechselausstellungen bietet. Im Museum für Völkerkunde erleben Besucher fremde Kulturen, im Museum für Kunst und Gewerbe erhält man Einblick in die Geschichte des europäischen Kunsthandwerkes, in die asiatische und islamische Kunst. Im Museum für Hamburgische Geschichte, im Museum der Arbeit und im Museumshafen Övelgönne werden die vergangenen Jahrhunderte der Hansestadt wieder lebendig. Ebenso abwechslungsreich ist die Hamburger Theaterszene. Selbstverständlich gibt es eine Oper – seit 1827. Und natürlich noch die beiden Staatstheater: das Deutsche Schauspielhaus und das Thalia Theater. Darüber hinaus haben sich etliche alternative und experimentelle Theater etabliert, wie die Komödie Winterhuder Fährhaus, das Alma-Hoppe-Lustspielhaus und das Ohnsorg Theater, in dem überwiegend Plattdeutsch gesprochen wird.

Hamburg ist Kultur: Klassische Werke in der Kunsthalle (großes Bild), die Kulturen der Welt im Völkerkundemuseum, die Entwicklung der Hansestadt im Museum für hamburgische Geschichte, zeitgenössische Kunst in der Galerie der Gegenwart und die Geschichte der Seefahrt im Maritimen Museum (Bildleiste von oben nach unten). Weitere Kulturtempel sind die Musikhalle (Bild links) und das Schauspielhaus (Bild rechts).

ST. MICHAELIS

Sie ist eine der schönsten Barockkirchen in Norddeutschland und ihr 132 Meter hoher Turm, gemeinhin nur »Michel« genannt, das Wahrzeichen Hamburgs. So wundert es nicht, dass das mehrfach niedergebrannte Gotteshaus immer wieder aufgebaut wurde – beim letzten Mal 1907–1912 nach dem historischen Vorbild von 1762. Der 27 Meter hohe Innenraum mit freitragender Decke und geschwungenen Emporen ist hell gehalten und mit Gold verziert. Über 2500 Menschen finden hier Platz, nicht nur zum Beten, sondern auch zum Hören. Die Musik wurde in St. Michaelis, einer der fünf Hauptkirchen der Stadt, schon immer gepflegt. Neben großen Konzerten gibt es die kurze tägliche Andacht, bei der alle drei Orgeln erklingen. Auch in der Krypta mit dem Grab von Carl Philipp Emanuel Bach finden Musikaufführungen statt und vom Turm ertönen täglich weithin hörbare Choräle.

Der Turm von St. Michaelis – mit der größten Turmuhr Deutschlands – prägt die Silhouette Hamburgs (kleines Bild). Von der Aussichtsplattform in 82 Meter Höhe hat der Besucher einen Blick über Innenstadt und Hafen. Ein Blickfang im verschwenderisch wirkenden Innenraum der evangelisch-lutherischen Kirche ist der 20 Meter hohe Altar aus kostbarem Marmor mit einem Glasmosaik des Auferstehenden (großes Bild).

ST. PAULI

Kein Stadtteil Hamburgs ist so berühmt wie das ehemalige Seemannsviertel St. Pauli. Über 20 Millionen Besucher kommen alljährlich auf den Kiez, um sich das Rotlichtviertel der Stadt anzuschauen. St. Pauli versucht seit Jahren schicker zu werden, Häuser und Straßenzüge werden renoviert, der Sex wird dezenter, Clubs und Bars fröhlicher. Nach durchfeierten Nächten verbringen viele den Sonntagmorgen auf dem Fischmarkt – um Fisch zu kaufen oder in der Fischauktionshalle weiterzufeiern. Tagsüber ist es an den Landungsbrücken schöner, vor dem 200 Meter langen Empfangsgebäude aus dem Jahre 1909 zu stehen – am Turm ist stets die Uhrzeit und der Wasserstand abzulesen –, den Hafen- und Elbverkehr zu betrachten, Schiffe wie die 1896 gebaute Dreimastbark »Rickmer Rickmers« zu bewundern oder unter der Elbe durch den 448 Meter langen Elbtunnel zu wandern.

Die Landungsbrücken (großes Bild) sind nicht nur ein Touristenmagnet, sondern auch ein wichtiger Knotenpunkt für den öffentlichen Nahverkehr per U-Bahn und Schiff. In der denkmalgeschützten Fischauktionshalle (kleines Bild links), wo früher Fisch versteigert wurde, finden heute Veranstaltungen statt. St. Pauli wartet auch mit dem trendsetzenden Designkaufhaus »stilwerk« auf (kleines Bild rechts).

REEPERBAHN

Die Reeperbahn im Herzen St. Paulis gilt als die »sündigste Meile der Welt«. Ihren Namen verdankt sie den Reepschlägern, die hier bis zum Ende des 19. Jahrhunderts Schiffstaue drehten. Schon zu jener Zeit hatte sich ein ausgedehntes Amüsier- und Rotlichtviertel ausgebreitet, geprägt von schweren Jungs und leichten Mädchen. Inzwischen werden die Menschen zwischen Millerntor und Nobistor nicht allein von der käuflichen Liebe angezogen. Die Reeperbahn und der Spielbudenplatz haben sich zur nächtlichen Spielwiese einer kultigen Szene gemausert, mit neuen Musikclubs, Bars, Clubs und Diskotheken. Alte Theater im frischen Glanz bieten abwechslungsreiche Unterhaltung und das Operettenhaus Musicals als Dauerbrenner. Legendär sind das Café Keese, die »Ritze« – und natürlich die Davidwache, Hamburgs bekanntestes Polizeirevier.

Die Reeperbahn hat weit mehr als Erotikbars (kleines Bild rechts) zu bieten: Der zum Bezirk gehörende Spielbudenplatz (großes Bild) ist in den letzten Jahren neugestaltet worden. Hier befindet sich auch das legendäre Schmidt Theater, durch seine rote Fassade gut erkennbar. Das 1841 gegründete St. Pauli-Theater (kleines Bild links) ist Hamburgs ältestes Privattheater, das heute vorwiegend Comedy präsentiert.

Die Geschichte des Hamburger Hafens begann vor über 800 Jahren und seine Entwicklung stagnierte nie. Im Gegenteil: Heute ist sie spannender denn je. Zu verdanken haben die Hamburger den Hafen Kaiser Friedrich I. Barbarossa. Am 7. Mai 1189 erhielten die Bürger der Stadt von ihm einen Freibrief, der ihnen Zollfreiheit auf der Unterelbe gewährte. Auch wenn sich dieser Freibrief inzwischen als Fälschung aus dem 14. Jahrhundert erwiesen hat, feiern die Hanseaten noch heute am 7. Mai ihren Hafengeburtstag, eines der größten und sehenswertesten Feste der Stadt. Dann lebt der Hafen richtig auf, ist nicht nur geschäftig und hektisch, sondern fröhlich und für Touristen und Hamburger ein Muss. Die schönsten Schiffe, wie die Windjammer, kommen dann in den Hafen der Hansestadt gefahren, um sich den Hamburgern und ihren Gästen zu zeigen.

Am Burchardkai in Waltershof (kleines Bild) begann Mitte der 1960er-Jahre das Containerzeitalter im Hamburger Hafen. Mittlerweile belegen die Containerterminals einen Großteil der linkselbischen Hafenfläche. Waren einst Hunderte von Schauerleuten mit dem Laden und Löschen der Schiffe beschäftigt, geht der Warenumschlag heute mit Hilfe der Containerbrücken fast vollautomatisch und schneller vonstatten (großes Bild).

BLOHM & VOSS

Die deutsche Schiffswerft Blohm + Voss gehört zu Hamburg wie der Michel oder Hans Albers. Im Jahre 1877 pachteten Hermann Blohm und Ernst Voss auf der Insel Kuhwerder eine Fläche von 15 000 Quadratmetern vom Hamburger Senat, um dort eine Schiffswerft und Maschinenfabrik zu etablieren. Doch der Anfang war nicht leicht. Erst 1879 lief ihr erstes Auftragsschiff, ein Frachtdampfer, vom Stapel. Die Auftragslage wurde besser, als das erste Schwimmdock fertiggestellt war. Nun konnte man auch Schiffsreparaturen durchführen. Ende des 19. Jahrhunderts begann die Kaiserliche Marine aufzurüsten und Blohm + Voss rüstete mit: Die Aufträge für den Bau von großen Kriegsschiffen nahmen zu. Bereits 1905 hatte Blohm + Voss das weltweit größte Werftgelände. Im Ersten Weltkrieg wurden U-Boote gebaut, im Dritten Reich liefen berühmte Schiffe wie die Wilhelm Gustloff (1937) und die Bismarck (1939) vom Stapel. Nach dem Krieg wurden die ersten Massengutfrachter, dann die ersten Containerschiffe gebaut. Nach und nach begann man mit dem Offshore-Geschäft, wie die Ölbohrinseln, und baute wieder für weltweite Marineeinheiten. Heute entwickeln, bauen und reparieren die rund 1000 Mitarbeiter der Blohm + Voss GmbH auch Mega-Yachten, wie etwa Privat-Yachten mit Helikopterlandeplätzen und Kreuzfahrtschiffe.

Reparaturen sind ein wichtiges Geschäftsfeld der Werft. Das Dock 17 ist eines der größten Trockendocks Europas. Es kann Ozeanriesen bis zu einer Länge von stattlichen 351 Metern und einer Breite von 59 Metern aufnehmen. Wie geschaffen für Kreuzfahrtschiffe wie die »Maxim Gorkiy« (kleines Bild), die »Queen Mary 2« oder die »AIDAluna« (große Bilder, von links), die ihren Besuch in Hamburg auch gern für nötige Arbeiten nutzen.

Ende des 19. Jahrhunderts erbauten Hamburger Kaufleute den imposanten Lagerhaus-Komplex im wilhelminischen Stil – mit roten Backsteinen – entlang der Elb-Fleete. Hier lagerten Hülsenfrüchte, Kaffee, Tabak, Tee, wertvolle Teppiche oder auch Rum. Heute hat die Speicherstadt zwar noch dasselbe imposante Antlitz, doch auf den Böden der Speicher lagern nur selten Kaffee und Orientteppiche. In der ehemals zollfreien Zone haben sich Büros eingemietet, Kaffeesäcke wurden gegen moderne Schreibtische ausgetauscht. Das Antlitz der Speicherstadt wird sich verändern: Vor einigen Jahren begann man mit dem wohl größten Projekt: mit der HafenCity, einem neuen Stück Stadt in der Stadt. Wohnraum für über 12 000 Menschen ist geplant. Das ehrgeizigste Projekt ist die Elbphilharmonie, ein Konzerthaus, das im Jahre 2009 auf einem alten Speicher thronen soll.

Die Speicherstadt (großes Bild) war einst der größte zusammenhängende Lagerhauskomplex der Welt. Seit 1991 stehen die rötlichen Backsteingebäude, die sich mit ihren Türmchen und Zinnen in den Fleeten spiegeln (kleines Bild links), unter Denkmalschutz. Am Kaispeicher B präsentiert das Internationale Maritime Museum Exponate aus der Geschichte der Seefahrt (kleines Bild rechts).

Bei der Stadtentwicklung hat Hamburg jahrhundertelang der Elbe den Rücken gekehrt und sich stets Richtung Norden orientiert. Seit einiger Zeit haben die Hanseaten jedoch ihre Liebe zum Hafengebiet wiederentdeckt. Was mit dem Herausputzen des lange verschmähten nördlichen Elbufers begann, gipfelt momentan in dem größten innerstädtischen Bauprojekt Europas. Auf 155 Hektar Industriebrache entsteht zwischen Elbbrücken und Kehrwiederspitze ein urbanes Quartier mit neuer Architektur und maritimem Charakter. 1997 wurde der Plan von der HafenCity erstmals der Öffentlichkeit vorgestellt, etwa 2020 soll er vollendet sein. Bis dahin werden 5500 Wohnungen und Raum für rund 40 000 Arbeitsplätze entstehen, natürlich auch Geschäfte, Lokale, Plätze und Promenaden. Alles hochwassersicher auf 7,50 Meter über Normalnull und nicht nur für Spitzenverdiener.

Der Sandtorhafen bildet das Zentrum des ersten fertiggestellten Quartiers der HafenCity. Von den Magellan-Terrassen (Eröffnung 2005, Bild oben) an seinem Kopfende führt eine historische Landungsbrücke zu den historischen Segel- und Dampfschiffen (großes Bild). Flaggschiff des Weiterbaus der HafenCity ist die Elbphilharmonie, eine futuristische Konzerthalle auf dem historischen Kaispeicher A.

VIERLANDE

Ein Ausflug in die Vierlande, die Vereinigung der Ortschaften Altengamme, Curslack, Neuengamme und Kirchwerder, führt in den äußersten Südosten Hamburgs. Gemeinsam mit dem Marschlande bildet es das größte zusammenhängende Blumen- und Gemüseanbaugebiet Deutschlands. Seit dem 12. Jahrhundert entstand durch Eindeichung und Entwässerung aus der sumpfigen Elbniederung fruchtbares Kulturland. Es bildet die Grundlage für den Wohlstand der Bauern, wovon noch heute die prachtvollen Hufnerhöfe, die reetgedeckten Großkaten und die Dorfkirchen mit ihren freistehenden Holztürmen zeugen. Der südlichste Punkt der Vierlande ist das Zollenspieker Fährhaus, wo die wechselnden Herrschaften bei Stromkilometer 598,5 die Elbhoheit überwachten. An ein dunkles Kapitel in der Geschichte erinnert die Gedenkstätte auf dem ehemaligen Gelände des KZ Neuengamme.

Zahlreiche Gräben durchziehen die Vierländer Kulturlandschaft mit ihren Gärten, Wiesen und Feldern, wo auch Störche (links) ihr Auskommen finden. Dazu gehören zudem die prachtvollen Bauernhöfe (großes Bild). Stellvertretend für alle hält das Freilichtmuseum Rieck-Haus in Curslack seine Tore offen (ganz links). Im Schloss Bergedorf befindet sich das Museum für Bergedorf und die Vierlande.

HANSESTADT BREMEN UND BREMERHAVEN

Bremen war einst mächtig und einer der größten Seehandelsplätze Deutschlands. Doch der Zweite Weltkrieg hat sein Gesicht stark entstellt: Die Stadt wurde zerbombt und moderne Trabantenstädte entstanden. Dennoch konnte sich die Hansestadt ihren Charme vor allem zwischen Domhügel und Weser erhalten. Bremen ist die Hauptstadt des gleichnamigen Bundeslandes, zu dem auch Bremerhaven zählt. In Bremerhaven liegt Europas größter Autoverlade- und Fischereihafen sowie das zentrale Alfred-Wegener-Institut für Polar- und Meeresforschung.

Der Bremer Marktplatz mit seinen imposanten Patrizierhäusern und stilvollen Fassaden ist ein leuchtendes Beispiel für die Weserrenaissance, jenem Baustil, der im Weserraum als regionale Variante der nordischen Renaissance im 16. und 17. Jahrhundert entstand.

In der Altstadt, umzogen von Stadtgraben und ehemaligen Wallanlagen, zeigt sich Bremen von einer besonders romantischen und schönen Seite. Rund um den Marktplatz sind die ältesten Gebäude und berühmtesten Skulpturen der Stadt versammelt. Neben dem Rathaus aus dem 15. Jahrhundert mit einer Renaissance-Fassade aus dem 17. Jahrhundert, stehen die Bremer Stadtmusikanten von Gerhard Marcks. Im Dom St. Petri aus dem 11. Jahrhundert mit zwei 98 Meter hohen Türmen wird von einer Barockkanzel aus dem 17. Jahrhundert – einem Geschenk von Königin Christine von Schweden – gepredigt. Sehenswert sind auch die Böttcherstraße mit ihren hohen Giebelhäusern und das Schnoorviertel, das älteste Wohn- und Künstlerviertel. In den Bürgerhäusern aus dem 15. bis 18. Jahrhundert befinden sich Galerien, Museen und Kunstgewerbe-Geschäfte.

Bereits der Eingang zur Böttcherstraße mit dem »Lichtbringer« (Bild oben), einem Fassadenrelief von Bernhard Hoetger, verweist auf die besondere Gestaltung dieser 100 Meter langen Straße in der Altstadt (großes Bild links). Zu den wohl weltweit bekanntesten Einwohnern der Stadt gehören die Bremer Stadtmusikanten (großes Bild rechts), kunstvoll in einer Skulptur am Rathausplatz verewigt.

BREMEN: RATHAUS UND ROLAND

Das Rathaus und der Roland auf dem Marktplatz gehören zu den berühmtesten Bauwerken der Hansestadt Bremen. Das Rathaus wurde zwischen 1405 und 1410 im Stil der Backsteingotik errichtet. 200 Jahre später verschönerten man es mit einer Renaissancefassade. Die 13 Meter breite, 40 Meter lange und acht Meter hohe Halle war einst Gerichtssaal. Seit vielen Jahren dient dieser zu den vornehmsten Sälen Deutschlands zählende Raum einmal im Jahr den Bremer Reedern und Schiffern als Kulisse ihrer »Schaffermahlzeit«. Ebenso berühmt wie sein Festsaal ist der Weinkeller des Rathauses. Über 600 Weine lagern hier. Mitten auf dem Platz vor dem Rathaus steht der zehn Meter hohe Roland aus dem Jahre 1404, ein Sinnbild der Stadtfreiheit und der Gerichtsbarkeit Bremens. Seit 2004 gehören das Ensemble Rathaus und Roland zum Weltkulturerbe der UNESCO.

BREMEN: RATHAUS UND ROLAND

Auch in den Abendstunden, wenn das Rathaus (kleines Bild links) und all die umliegenden Bürgerhäuser kunstvoll beleuchtet sind, ist der Bremer Marktplatz (großes Bild) eine besondere Augenweide. Der denkmalgeschützte »Roland« (kleines Bild rechts) ist die größte freistehende Plastik aus der Epoche des deutschen Mittelalters. Der Originalkopf der Kalksteinstatue befindet sich im Focke-Museum.

BREMEN: DOM ST. PETRI

Mit dem Bau des Bremer Doms wurde bereits 1041 begonnen. Im 13. Jahrhundert wurde die ursprüngliche dreischiffige Pfeilerbasilika im Stil der Frühgotik eingewölbt und erhielt die beiden mächtigen Türme und die Kapellenanbauten. Im 16. Jahrhundert wurden Umbauten im gotischen Stil vorgenommen, allerdings kam dieser Umbau durch den Beginn der Reformation zum Stillstand. Nach bewegten Jahren und einer fast siebzigjährigen Schließung des Gotteshauses kam es zwischen 1888 und 1901 zu einer Renovierung und im Innern zu Ausmalungen nach byzantinischem Vorbild. Am Ende des Zweiten Weltkriegs sorgte der Einschlag einer Bombe in das Nordschiff für Schäden, die durch Wiederaufbauarbeiten und Restaurierungen behoben wurden. Bemerkenswert sind die restaurierten Textilfunde aus mittelalterlichen Bischofsgräbern, die im Dommuseum ausgestellt sind.

Der gotische Dom St. Petri und das Rathaus mit dem »Steinernen Roland« bilden die prächtige Kulisse des Bremer Marktplatzes (großes Bild). Zu den wertvollsten Ausstattungsstücken der Kirche zählt ein wuchtiges und reich verziertes spätromanisches Bronzetaufbecken eines norddeutschen Künstlers aus dem 13. Jahrhundert. Ganz links: Blick vom Chor durch das gotische Hauptschiff auf die Orgel.

Auch wenn die 130 000-Einwohner-Stadt Bremerhaven in ihren riesigen Hafenanlagen rund 50 Prozent aller deutschen Fischfänge umschlägt, befinden sich am Fischereihafen vor allem witzige Kneipen, gute Restaurants, Fischräuchereien und allerlei Geschäfte, die sich dem Maritimen verschrieben haben. Im Alten Hafen dokumentiert das Deutsche Schifffahrtsmuseum die Geschichte der Deutschen Kriegs- und Handelsmarine zu der auch eine Bremer Hansekogge aus dem Jahre 1380 zählt, die während Ausbaggerungsarbeiten gehoben wurde. Ganz neu ist der Zoo am Meer, ein Themenzoo am Weserdeich, der sich auf nordische Tiere wie Eisbären und Robben spezialisiert hat. Der Zoo besitzt außerdem eine »Heulerstation«, in der verlassene Robbenbabys und verletzte Jungrobben unter fachkundiger Pflege wieder aufgepäppelt werden.

Zu den besonderen Attraktionen von Bremerhaven gehört das neu gestaltete Stadtviertel Havenwelten, das mit seinem maritimen Flair und modernen Museen viele Besucher anzieht. Schon von außen beeindruckt das Klimahaus (großes Bild), eine gigantische Wissenswelt zum Thema Kima und Klimawandel. Auch das im Jahr 2000 erweiterte Deutsche Schifffahrtsmuseum (kleines Bild) gehört zu den Havenwelten.

NIEDERSÄCHSISCHE NORDSEEKÜSTE

Strand, Watt und Meer in alle Himmelsrichtungen, Windmühlen, Deichschafe und Schiffe aller Art – auf einer Länge von über 200 Kilometern erstreckt sich die niedersächsische Nordseeküste zwischen dem Dollart, der großen Meeresbucht westlich der Emsmündung, und der Elbmündung. Mit ihrer weiten Landschaft und der gemütlichen Lebensart gehört die Region zu den traditionellen Ferienzielen. Die Städte Cuxhaven, Wilhelmshaven und Emden zählen zu den wichtigsten Wirtschafts- und Touristenzentren. Wer es ruhiger mag, findet im Inland, aber auch auf den Inseln einladende Orte.

Ob Meer, Fluss oder Kanal – Wasser spielt an der niedersächsischen Nordseeküste seit jeher eine große Rolle. So wie die an der Nordwestküste des Jadebusens gelegene Stadt Wilhemshaven (großes Bild) werden zahlreiche Städte von großen schiffbaren Gewässern eingefasst.

ALTES LAND

Das Alte Land ist das größte zusammenhängende Obstanbaugebiet Nordeuropas. Es liegt am Südufer der Unterelbe und erstreckt sich zwischen Finkenwerder und der niedersächsischen Stadt Stade. Holländische Siedler begannen vor rund 800 Jahren mit der Kultivierung des schmalen, sumpfigen Marschgürtels und durchzogen ihn mit einem Netz von Entwässerungsgräben. Später wurde aus dem fruchtbaren Acker- und Weideland mehr und mehr der Obstgarten Hamburgs – und machte die Altenländer zu wohlhabenden Bauern. Davon zeugen noch ihre prachtvollen Höfe mit den geschnitzten Prunkpforten in den beschaulichen Ortschaften. Heute lebt das Alte Land auch vom Fremdenverkehr. Touristen und Ausflügler kommen vor allem zur Zeit der Obstblüte, wenn Millionen Kirsch- und Apfelbäume mit ihrer hellen Farbenpracht die Landschaft verzaubern.

Wer durch das Alte Land reist, stößt überall auf die traditionellen Buntmauer-Fachwerkhäuser, die als komplettes Ensemble die Orte schmücken (großes Bild) oder als freistehendes Baudenkmal in der Landschaft thronen (kleine Bilder). Sehr typisch für die Altländer Baukunst sind die mosaikartig zusammengefügten Wandputzstellen, die mit ihrem jeweiligen Muster jedem Gebäude ein individuelles Aussehen geben.

STADE

Das schmucke Städtchen nahe der Einmündung der Schwinge in die Unterelbe wurde 944 erstmals urkundlich erwähnt. Durch die Mitgliedschaft in der Hanse (1267–1601) entwickelte es sich zu einem bedeutenden Hafen und Handelsplatz – und zur ernst zu nehmenden Konkurrenz für Hamburg. Während der Zugehörigkeit zur schwedischen Krone (1645–1712) wandelte sich Stade mehr und mehr zur Garnisonsstadt. Noch heute prägen historische Bauten aus der Schwedenzeit das Bild der Altstadt, die einst von mächtigen Wallanlagen umschlossen war. Markante Gebäude sind das Rathaus mit seiner Renaissancefassade, das Zeughaus am Pferdemarkt und der ehemalige Proviantspeicher der schwedischen Truppen am Alten Hafen, heute das Regionalmuseum. Die Stadtsilhouette wird von den Türmen der Kirchen St. Wilhadi und St. Cosmae et Damiani bestimmt.

Auch wenn der um das Jahr 1000 angelegte Alte Hansehafen in Stade heute nicht mehr schiffbar ist, zieht er doch mit seinem pittoresken Charme viele Besucher an. Die Kaimauern, heute von Gastronomiebetrieben besiedelt, werden durch die historischen Fachwerkhäuser (großes Bild) geschmückt. Am Fischmarkt im Südwesten des Hafens steht als Relikt der vergangenen Geschäftigkeit der »Alte Kran« (kleines Bild).

HAMBURGISCHES UND NIEDERSÄCHISCHES WATTENMEER

Es ist eine ganz besondere Welt, das Wattenmeer: mal ganz Meer, mal ganz Land ist es durch den ständigen Wechsel von Ebbe und Flut eine einzigartige Landschaft. Um diese zu schützen, richtete man den Nationalpark Wattenmeer ein, der sich, streng genommen, in einen dänischen Teil, die Gebiete Schleswig-Holsteinisches, Hamburgisches und Niedersächsisches Wattenmeer aufteilt. Insgesamt bildet das Gebiet den größten Nationalpark Mitteleuropas. Der Hamburgische Nationalpark ist der jüngst, 1990 wurde er von der Hamburger Bürgerschaft ausgerufen und liegt im Mündungsgebiet der Elbe. Zu ihm zählen die Düneninseln Neuwerk, Nigehörn und Scharhörn. Die Nationalparks wurden zum Schutz der Tiere und Pflanzen, die ihre Lebensräume im Watt haben, in verschiedene Schutzzonen aufgeteilt, die entweder gar nicht oder nur teilweise betreten werden dürfen.

Watt, so weit das Auge reicht! Zieht sich das Wasser bei Ebbe an der ostfriesischen Küste zurück, ist das Meer nur noch als kleiner Streifen am Horizont zu entdecken (kleines Bild). Jetzt bietet sich Gelegenheit zu einem Spaziergang in diese fremde Welt, der allerdings immer von einem Wattführer begleitet werden sollte. Die Sandbänke im Wattenmeer sind beliebte Treffpunkte der Seehunde (großes Bild).

CUXHAVEN

Die kleine Stadt mit ihren 56 000 Einwohnern am Westufer der Elbmündung ist immerhin das zweitälteste Seebad Deutschlands. 1816 bekam Cuxhaven dieses Prädikat – lange bevor es zur Stadt erhoben wurde (1907). Der eigentliche Kern der Stadt, die heutige Altstadt, befindet sich im Süden um das ehemalige Schloss Ritzebüttel. Der Fischereihafen und der Großmarkt liegen im Osten der Stadt, in der Nähe von der Außenmole »Steubenhöft«, wo die großen Passagierschiffe festmachen und das Feuerschiff »Elbe 1« liegt, das 1988 als letztes seiner Art aus dem Dienst genommen wurde. Einen guten Überblick über das gesamte Hafengelände erhält man auf der Aussichtsplattform »Alte Liebe«. Das Wahrzeichen Cuxhavens ist eine große hölzerne Kugelbake, die einst den Seefahrern als nautisches Seezeichen diente. Heute, im Zeitalter von GPS, hat sie ausgedient.

Im Alten Hafen liegt das Feuerschiff »Elbe 1« vor Anker (großes Bild), das bis ins Jahr 1988 als »schwimmender Leuchtturm« Schiffen den sicheren Weg durch die Sandbänke wies. Einmal jährlich im Sommer gibt es auf den trocken gefallenen Wattflächen ein weltweit einzigartiges Spektakel: Beim »Duhner Wattrennen« kämpfen Pferde und Jockeys um die Gunst der Stunde (kleines Bild).

FISCHFANG

Hering und Scholle von Juli bis Oktober – das sind für die Fischer die wichtigsten und ertragreichen Fischfänge in der Nordsee. Doch für die Touristen zählen vor allem die kleinen Nordseegarnelen – im Volksmund »Krabbe« genannt. Um diese einmalige Delikatesse aus der Nordsee herauszufischen, bedarf es eines besonderten Bootes: den Krabbenkutter. Speziell für den Fang wurden diese flachbodigen Schiffe – der maximale Tiefgang beträgt 1,80 Meter – entwickelt. Große Kutter sind bis zu 20 Meter lang und 4,50 Meter breit und haben sowohl die typische Kuttertakelung mit Groß- und Focksegeln als auch einen Dieselmotor. Um die Krabben einzufangen, lassen die Fischer große Fangnetze ins Wasser und ziehen sie seitlich auf Rollen gleitend langsam über den Meeresgrund. Da die Nordseegarnelen schnell verderben, werden sie noch an Bord in Seewasser gekocht – dadurch erhalten sie ihr unvergleichbares Aroma. Wie der Fischfang, wurde auch die Krabbenfischerei mit Fangquoten belegt, um eine Überfischung der begehrten Nordseegarnelen zu verhindern. Vom Krabbenfischen allein können die wenigsten Seeleute heute leben. Viele Krabbenfischer setzen deshalb ihren Krabbenkutter auch anderweitig ein: Sie unternehmen mit Touristen Fahrten auf der Nordsee und bieten Angeltouren an.

Hightech und industrieller Fischfang haben in vielen Fischerhäfen an der Nordsee die traditionellen Fischernetze noch nicht verdrängt – wie auf den Bildern zu sehen ist. Täglich fahren die Fisch- und Krabbenkutter bei Flut hinaus, werfen die Netze aus, um Krabben vom Meeresgrund zu fischen, die noch an Bord zubereitet werden. Ebenfalls ertragreich und beliebt ist der Kabeljau (kleines Bild).

HADELN, WURSTER HEIDE

Die Geschichte der Geest- und Moorgebiete Hadeln und Wursten südlich der Elbe und deren Mündung im heutigen Landkreis Cuxhaven reicht weit in die Steinzeit zurück. Im Mittelalter war sie geprägt durch die freiheitsliebenden Bauern und erst im 19. und im 20. Jahrhundert erlangten Zentren wie Bremerhaven und Cuxhaven erstes städtisches Flair. Heute ist die historische Landschaft mit ihren stolzen Fachwerkhäusern vor allem durch die Landwirtschaft mit Weiden für Milchvieh und die Fischerei mit kleinen Häfen geprägt, auch wenn gerade die durch zahlreiche Wasserläufe entwässerte Landschaft hauptsächlich vom Seebäder-Tourismus lebt. Zu den beliebtesten Zielen zählen das über 1000 Jahre alte Bad Bederkesa mit seiner Burg aus dem 12. Jahrhundert und den Moorrand-Seen sowie Otterndorf mit seinem Schöpfwerk und dem Museum für Gegenstandsfreie Kunst.

Die Wurzeln der Burg Bederkesa (großes Bild), die zu den Hauptsehenswürdigkeiten des Moorheilbades gehört, gehen auf das 12. Jahrhundert zurück. Heute beherbergt das Bauwerk das Museum für Archäologie und Kulturgeschichte, das Exponate vom 4. Jahrtausend v. Chr. bis zur Neuzeit bereithält. Auch die Windmühle (kleines Bild rechts), die sich oberhalb des Ortes erhebt, gehört zu den beliebten Besucherattraktionen.

WORPSWEDE

Einst ein kleines unscheinbares Dorf im Teufelsmoor knapp 30 Kilometer nordöstlich von Bremen, entwickelte sich Worpswede Ende des 19. Jahrhunderts zu dem heute bekannten Künstlerort. Das Licht in der bizarren Moorlandschaft, die vom Wind wild zerzausten Bäume zogen immer mehr Maler und Künstler an. Zu den bekanntesten unter ihnen zählen die Malerin Paula Modersohn-Becker und der Künstler Heinrich Vogeler, dessen ehemaliges Wohnhaus, der Barkenhoff, noch heute zu besichtigen ist. In den letzten Jahrzehnten haben sich in Worpswede zahlreiche Kunsthandwerker niedergelassen, die ihre Werke in alten Fachwerkhäusern verkaufen. Worpswede ist ein beliebtes Ausflugziel für Liebhaber der Kunst sowie des Kunsthandwerks. Der Dichter Rainer Maria Rilke schwärmte von einem »Himmel von unbeschreiblicher Veränderlichkeit und Größe«.

Der Barkenhoff (kleines Bild), heute ein öffentliches Museum, war einst Wohn- und Wirkungsstätte des Jugendstilkünstlers Heinrich Vogeler. Er machte dieses Gesamtkunstwerk zum künstlerischen Mittelpunkt von Worpswede. Teile der Heinrich-Vogeler-Sammlung sind auch im Haus im Schluh (großes Bild) zu sehen, das aus drei Gebäuden besteht: dem Wohnhaus Martha Vogelers sowie Gästepension und Handweberei.

TEUFELSMOOR

Rund 400 Quadratkilometer Hoch- und Niedermoor, dunkle Wälder, kuschelige Niederungen und ein Sandhügel, der Weyerberg, mit dem malerischen Worpswede: Das Teufelsmoor gehörte einst zu den größten Mooren Nordwestdeutschlands mit Torf bis zu elf Metern Tiefe. Eine Landschaft mit geheimnisvoller Schönheit, die in neuerer Zeit vor allem Kunstmaler anzog. Während der Besiedlung im 17./18. Jahrhundert achtete wohl niemand auf das Besondere dieser Gegend. Einfache Menschen stachen Torf und legten ein Kanalsystem an, um das Teufelsmoor zu entwässern. Bis in die 1980er-Jahre wurde das Moorgebiet entwässert, um die Flächen für die Landwirtschaft tauglich zu machen. Erst vor 15 Jahren hat ein Umdenken begonnen. Nach und nach werden Flächen wiederbewässert und andere stillgelegt, um noch ein Stück dieser Landschaft erhalten zu können.

Das Teufelsmoor ist sehr flach und manche Wiesenlandschaften (großes Bild) erheben sich nur wenige Meter über Normalnull oder liegen sogar unter dem Meeresspiegel. Die Kanäle (kleines Bild) waren einst wichtige Verkehrswege. Mit den so genannten Torfkähnen, kleine Boote mit geringem Tiefgang, die von einer Person gesegelt werden konnten, transportierten die Moorbauern den Torf in die Städte.

Wer gerät angesichts einer alten und restaurierten Windmühle nicht in Verzückung? Glücklicherweise fanden und finden sich auch heute noch immer wieder Liebhaber dieser alten, schon vor über 1000 Jahren in Asien benutzten Bauwerke, um sie aufwendig wiederherzustellen oder sie zu erhalten. Windmühlen in ihrem klassischen Aussehen mit den vier Windflügeln sind schon von Weitem in der Tiefebene zu sehen. Ab dem 12. Jahrhundert herrschten hier dank des Windes Windmühlen vor; Wassermühlen hingegen findet man seltener. Insgesamt befinden sich in Deutschland rund 1400 Wind- und Wassermühlen. Traditionell benutzte man Windmühlen zum Mahlen von Getreide, aber nach und nach kamen andere Nutzungen hinzu: so das Mahlen von Gewürzen und Mineralien, das Stampfen von Eichenrinden und Antreiben von Ölpressen oder Sägewerken. Der älteste Windmühlentyp Europas und vor allem Norddeutschlands ist die Bockwindmühle oder auch »Deutsche Windmühle«. Es handelt sich hierbei um ein Holzgebäude mit vier Flügeln, das drehbar auf einem Bock gelagert wurde. Um die Flügel in Bewegung zu bekommen, wurde die gesamte Mühle in den Wind gedreht. Im 16. Jahrhundert etablierten sich die leistungsstärkeren Holländerwindmühlen, die noch heute zahlreich in Ostfriesland zu sehen sind.

Auch wenn sie ihren ursprünglichen Zweck zum Mahlen des Korns oder zur Entwässerung heute in der Regel nicht mehr erfüllen, sind zahlreiche Windmühlen quer durch Ostfriesland erhalten geblieben (kleine Bilder). Der 1896 errichtete zweistöckige Galerieholländer in Brookmerland-Leezdorf (großes Bild) gehört zu den Museumsmühlen, die noch zu Schauzwecken mit Wind oder einem Motor betrieben werden können.

OLDENBURG

Mal war sie Residenzstadt für Grafen und Herzöge, mal gehörte die Stadt zum dänischen Königshaus – heute ist Oldenburg nicht nur der wirtschaftliche und kulturelle Mittelpunkt des deutschen Nordwestens. Die Stadt besitzt auch den umschlagsreichsten Binnenhafen Niedersachsens und ist seit 1973 Universitätsstadt. Die historischen Schönheiten der Stadt – sie wurde im Jahre 1108 erstmals erwähnt – sind teilweise erhalten oder restauriert, wie ihr Wahrzeichen, der »Lappan«, der ehemalige Turm des Heiligengeistspitals aus dem 15. Jahrhundert. Inmitten der Wallanlagen liegt der Markt der Altstadt mit dem Rathaus und der Lamberti-Kirche. Im Schloss ist heute das Landesmuseum für Kunst und Kulturgeschichte untergebracht. Ein weiteres Highlight für Kunstliebhaber ist das Horst-Janssen-Museum mit Werken des Oldenburger Ehrenbürgers.

Das Schloss Oldenburg (kleines Bild rechts), einst Residenz der Grafen und Herzöge von Oldenburg, wurde Anfang des 17. Jahrhunderts zum Barockbau umgestaltet. Vom Schlossplatz aus fällt der Blick auf die Schlosswache mit der Lambertikirche im Hintergrund (kleines Bild links). Das Alte Rathaus (großes Bild), ein beliebtes Fotomotiv, begrüßt mit seinem Glockenspiel mehrmals täglich die Stadtbewohner.

AMMERLAND, ZWISCHENAHNER MEER

Der knapp 730 Quadratkilometer große Landkreis Ammerland, eingebettet zwischen den Landkreisen Friesland, Wesermarsch und Leer, besaß bis Ende der 1980er- Jahre nicht eine einzige Stadt. Erst als man Westerstede 1977 Stadtrechte verlieh, hatte man immerhin einen angemessenen Verwaltungssitz. Wirtschaftlich lebte man früher vom Torfabbau, heute von Baumschulen und dem Tourismus – vor allem am Zwischenahner Meer, mit 5,5 Quadratkilometern dem drittgrößten Binnengewässer in Niedersachsen. Durch zahlreiche Naturschutzmaßnahmen finden sich hier noch heute viele einheimische Vögel wie Fischadler, Graureiher und Möwen. Dass in dem See einst ein Riesen-Wels von über 3,5 Meter Länge gelebt hat, gehört wohl zu den Legenden. Eine Bronze-Skulptur auf dem Marktplatz von Bad Zwischenahn soll an diese Geschichte erinnern.

Geprägt von dichten Wäldern, endlosen Feldern und den typischen Wallhecken präsentiert sich das Ammerland als grüne Parklandschaft. In der Region stößt man immer wieder auf historische Mühlen und Gehöfte (kleines Bild), die für den Betrachter die von Landwirtschaft und Torfabbau bestimmte Vergangenheit lebendig werden lassen. Das Zwischenahner Meer (großes Bild) ist bekannt für seine spezielle Thermik.

WILHELMSHAVEN

Auch wenn der Ort direkt am Jadebusen am Endpunkt des Ems-Jade-Kanals eine lange Tradition als wichtige Hafenstadt hat, erhielt er erst Ende des 19. Jahrhunderts sein Aussehen als Stadt. Und zwar, nachdem Preußen in einem Kraftakt über 14 Jahre lang einen Kriegshafen bauen ließ. Heute ist Wilhelmshaven noch immer wichtigster Hafen für die Bundesmarine an der Nordsee. Am großen Hafen befindet sich zudem die größte Drehbrücke Europas, die Kaiser-Wilhelm-Brücke aus den Anfängen des 20. Jahrhunderts. Für die Durchfahrt großer Schiffe muss sie nach wie vor regelmäßig geöffnet werden. Sehenswert ist das Rathaus der Stadt, das Fritz Höger von 1927 bis 1929 mit einem 49 Meter hohen Turm errichten ließ. Interessant sind die Museen Wilhelmshavens wie das Marinemuseum oder die Unterwasserstation »Oceanis«, ein Überbleibsel der Weltausstellung 2000.

Das Wahrzeichen der Stadt, die 1905 bis 1907 errichtete Kaiser-Wilhelm-Brücke (großes Bild) galt mit ihrer Spannweite von 159 Metern und ihrer Höhe von 9 Metern einst als größte Drehbrücke auf europäischem Boden. Wilhelmshaven bietet vielerlei Museen, darunter auch das Deutsche Marinemuseum am Südstrand. Auf seinem Freigelände ist der Lenkwaffenzerstörer »Mölders« untergebracht (kleines Bild).

OSTFRIESLAND

Das Meer mit seinen Gezeiten hat von jeher das Leben in den weiten Küstenebenen zwischen Weser und Ems bestimmt. Die Region hat viele Seefahrer und Walfänger hervorgebracht, die zur Blüte von Handelsstädten wie Emden beitrugen. Landeinwärts erstrecken sich die weiten Ebenen Ostfrieslands mit ausgedehnten Mooren und Weiden. Ostfriesland ist auch ein Paradies für Liebhaber historischer Mühlen, die sich weithin sichtbar aus dem flachen Land erheben. Schon früh nutzten die Ostfriesen die Kraft des Windes zur Entwässerung des Landes und zur Gewinnung von Mehl und Ölen. Heute wird in Ostfriesland aus Windparks großflächig Energie gewonnen. Reizvoll sind auch die schnurgeraden Fehnkanäle, mit denen Kolonisten einst die Moorgebiete urbar machten. Allein Papenburg, älteste Fehnkolonie, wird von Kanälen mit einer Gesamtlänge von 40 Kilometern durchzogen.

Ostfriesland ist im Vergleich zu anderen Regionen Deutschlands dünn besiedelt. Und so finden sich überall in dem von unzähligen Wasserläufen durchzogenen Gebiet nahezu unberührte Landschaften (großes Bild). Die Zwillingsmühlen von Greetsiel (großes Bild) haben sich zu weithin bekannten Repräsentanten Ostfrieslands entwickelt. Die grüne Mühle 1856 wurde errichtet, die rote Mühle stammt aus dem Jahr 1706.

JADEBUSEN, JEVERLAND

Viele Jahrhunderte haben das Meer und die Menschen benötigt, um die Nordseebucht zwischen der Ems- und der Wesermündung zu formen. Viele Herrscher versuchten im Jadebusen einen Kriegshafen zu errichten, doch reichten ihre technischen Möglichkeiten nicht aus, um das Fahrwasser vor der Versandung zu schützen. Heute bietet die 190 Quadratkilometer große Bucht Häfen, das einzige europäische Salzwasserhochmoor und das Wahrzeichen der Bucht: den Arngaster Leuchtturm. Südlich von Carolinen- und Neuharlingersiel liegt das platte Jeverland: saftig grüne Wiesen und viele Windmühlen. Der bekannteste Ort im Land ist die ehemalige über 1000-jährige Ringsiedlung Jever. Man tut der Stadt unrecht, reduzierte man sie auf ihre Brauerei. Man würde das schöne Schloss (15./16. Jh.) übersehen, das Rathaus aus dem 17. Jahrhundert und das historische Zentrum.

Weite Teile des Jadebusens waren ursprünglich ein Hochmoor. Durch vergangene schwere Sturmfluten brach das Meer ins Land ein und formte die heutige Bucht (kleines Bild). Zu den rund um den Jadebusen gelegenen Städten gehört auch Jever mit seiner eindrucksvollen Schlossanlage (großes Bild), einst Sitz der Herrschaft Jever. Bekannt ist das Schloss auch als Markenzeichen des Jever Pilseners.

NORDEN, AURICH, DORNUM

Norden, die »Stadt hinterm Deich«, ist die älteste Stadt Ostfrieslands. Der Ort auf dem neun Meter hohen Geestrücken erhielt bereits im 13. Jahrhundert Stadtrechte. Viele schöne historische Ecken gibt es in der 27 000-Einwohnerstadt zu entdecken: den alten baumbestandenen Marktplatz, an dem die beeindruckende Ludgerikirche (1445) mit einer Arp-Schnitger-Barockorgel steht und das Alte Rathaus. Einzigartig ist das Ostfriesische Teemuseum der Stadt. Im nahe gelegenen Nordseebad Norddeich kümmert man sich in einer Seehund-Aufzuchtstation um elternlose Heuler. Die Stadt Aurich hat ihre Existenz zwei Bewohnern zu verdanken: Sie konnten verhindern, dass die Stadt im Mai 1945 von Alliierten in Schutt und Asche gebombt wurde. So können wir heute noch den Anblick der Bürgerhäuser am Markt genießen. In der kleinen Stadt Dornum gibt es ein schönes Schloss.

Wo früher in Aurich die Fürsten residierten, sind heute Gerichts- und Finanzbehörden eingezogen. Das älteste erhaltene Gebäude (kleines Bild links) ist der Marstall von 1588. Zu Aurichs Kostbarkeiten gehört auch der Altar der Lamberti-Kirche (kleines Bild rechts), der 1510–1515 entstand. Die von Löwen bewachte Brücke führt in die Norderburg (großes Bild), ein Wasserschloss aus dem 14. Jahrhundert in Dornum.

SIELHÄFEN

Carolinensiel, Greetsiel, Hooksiel und Neuharlingersiel – kleine, charmante Orte an der Nordseeküste mit großer Vergangenheit: Sie sind Musterbeispiele für eine besondere Siedlungsform, die schon in ihren Namen erkennbar ist. Sie alle liegen an »Sielen«, jenen Öffnungen in Seedeichen, die dazu dienten, das Binnenland zu entwässern. Die Öffnungen in den Deichen wurden mit Toren ausgestattet, die sich bei Ebbe durch das aus dem Hinterland ablaufende Wasser öffneten, wodurch das Binnenland entwässert wurde. Kam die Flut, schlossen sich die Tore wieder und verhinderten damit eine Überschwemmung und Versalzung der Wiesen. Das ablaufende Wasser spülte nach und nach eine Rinne in das Wattenmeer, eine flache Rinne, aber eine von speziellen Schiffen befahrbare. Sielhäfen dienten vor allem als Umschlagplatz für lokale Produkte. In den Städten florierte die Wirtschaft, man lieferte zu Zeiten der Segelschifffahrt Waren in die nähere Umgebung und auch ferne Welten. Kaufleute und weit gereiste Seeleute lebten in den Sielorten und gaben ihnen ihre ganz besondere Ausstrahlung und Kultur. Ihr Charakter wurde zunehmend städtischer und weltoffener. Mit dem Beginn der Dampfschifffahrt verloren die Sielhäfen ihre Bedeutung, teilweise verschlickten die Häfen oder wurden sogar zugeschüttet.

Heute sind die Sielhäfen an der ostfriesischen Küste vor allem ein Touristenmagnet. Im malerischen Fischereihafen von Greetsiel (großes Bild) lassen sich noch heute viele Krabbenkutter bestaunen. In Carolinensiel ist in den 1980er Jahren das Deutsche Sielhafenmuseum entstanden, das neben zahlreichen Exponaten in seinem Außengelände auch Segelschiffe aus der Blütezeit der Sielhäfen präsentiert (kleines Bild).

OSTFRIESISCHE INSELN

Die Kette der Ostfriesischen Inseln erstreckt sich über eine Gesamtlänge von etwa 90 Kilometer von der Insel Borkum im Westen, über Juist, Norderney, Baltrum, Langeoog, Spiekeroog bis nach Wangerooge im Osten. Zu diesen sieben bewohnten Inseln gesellen sich die kleinen unbewohnten Eilande Lütje Hörn, Memmert, die Kachelotplate und Minsener Oog. Die Inseln sind wohl einst aus Sandbänken entstanden. Zur Seeseite hin verfügen sie über ausgedehnte Sandstrände, die bereits vor 100 Jahren Feriengäste anlockten. Zur Küstenseite hin gehen Salzwiesen in großräumige Wattflächen über, die sich zum Teil bis zum Festland erstrecken und als Nationalpark Niedersächsisches Wattenmeer unter Schutz stehen. Der Strom von Ebbe und Flut nagt an den Düneninseln. Da die Hauptströmung von West nach Ost verläuft, sind besonders die Westenden stark durch Abtragung gefährdet.

Ihr geringer Abstand zum Festland macht die Inseln auch für den Tagestourismus interessant. So bringen vor allem im Sommer zahlreiche Ausflugsschiffe und Fähren die Tagesgäste an Land (kleines Bild), die hier für wenige Stunden Inselatmosphäre schnuppern möchten. Andere bleiben länger und nehmen die Gelegenheit war, das großartige Schauspiel eines Sonnenuntergangs am Strand zu erleben (großes Bild).

WANGEROOGE

Die zweitkleinste und östlichste der Ostfriesischen Inseln ist eine beschauliche, autofreie Familieninsel, deren aufregende Geschichte nach ihrer Entdeckung Anfang des 14. Jahrhunderts begann. Zu Ostfriesland gehörte sie eigentlich nie, dafür aber beispielsweise zu Russland. Und immer wieder wurde die nur fünf Quadratkilometer kleine Insel von Piraten überfallen. Von all den Turbulenzen merken die Gäste des 21. Jahrhunderts nichts, wenn sie mit der bunten Inselbahn an der grünen Lagunenlandschaft, einem ganzjährigen Vogelschutzgebiet, den Deichen und Stränden vorbeizuckeln, um ins Dorf Wangerooge zu gelangen. Dort kann man in der Zedeliusstraße einkaufen oder das älteste auf der Insel erhaltene Bauwerk, den 39 Meter hohen Alten Leuchtturm mit Museum besichtigen. Weithin sichtbar ist der neue, genau 67,2 Meter hohe Leuchtturm.

Bereits vor 200 Jahren wanderten Badegäste auf Wangerooge am Strand entlang, der zu dieser Zeit wohl noch nicht wie heute mit Strandkörben bestückt war (großes Bild). Mit der Ernennung zum Seebad setzte bereits 1804 der Kurbetrieb ein. Im Westen der Insel erhebt sich das Fundament des Alten Westturms (kleines Bild), der später sowohl als Kirche wie als Gefängnis und Landmarke für die Schifffahrt zu dienen hatte.

SPIEKEROOG

Eilig darf man es auf der 20 Quadratkilometer kleinen Insel mit ihren 750 Einwohnern nicht haben, denn hier gibt es weder Autos noch eine Möglichkeit, sich ein Fahrrad zu mieten. Seit 1885 kann man sich mittels einer Pferdebahn – der letzten ihrer Art in Deutschland – fortbewegen. Überhaupt wäre Eile hier unangebracht, denn man würde die Schönheiten der Insel, die bereits seit Mitte des 19. Jahrhunderts Seebad ist, verpassen: hinreißende Dünen, artenreiche Salzwiesen im Westen der Insel, einen mit Wasserläufen durchzogenen Kurpark, das Wrack eines britischen Dampfers, der Ende des 19. Jahrhunderts vor Spiekeroog strandete, und das seit vielen Jahrhunderten unversehrte Dorf. Hier steht noch das alte Kirchlein aus dem 17. Jahrhundert, dessen Pietà, so sagt es eine Legende, von einem im Jahre 1588 vor Spiekeroog gestrandeten spanischen Schiff stammen soll.

Die kleine Insel Spiekeroog verfügt über rund 3500 Gästebetten, angefangen beim noblen Hotel bis zum kleinen Privatzimmer. Dieses Kontingent ist nötig, um die erholungsbedürftigen Urlauber aufzunehmen, die hier Jahr für Jahr an den weiten Stränden (großes Bild) Ruhe und Entspannung suchen. 1981 wurde nahe dem Dorf ein Hafen angelegt, der heute Anlaufsstelle von zahlreichen Segelyachten ist (kleines Bild).

LANGEOOG

Langeoog, die »Lange Insel«, ist eine besonders beliebte Ferieninsel, hat sie doch von allen Ostfriesischen Inseln das vielfältigste Angebot in Sachen Sport und Familie. Auf 20 Quadratkilometern Inselfläche finden die Gäste 14 Kilometer feinsten Sandstrand, ein Vogelschutzgebiet und eine wunderschöne 1,5 Kilometer lange Höhenpromenade und die über 20 Meter hohe Melkhorndüne – Ostfrieslands höchste Erhebung. Das Wahrzeichen Langeoogs ist nur wenig höher: der Wasserturm diente ab dem Jahre 1909 als Wasserspeicher. Ein weiteres Wahrzeichen ganz anderer Art ist der Dünenfriedhof mit dem Grab der Sängerin Lale Andersen (»Lili Marleen«). Auf eigenen Wunsch wurde sie nach ihrem Tod in Wien (1972) auf Langeoog beerdigt. Das Haus Sonnenhof in der Straße Gerk sin Spoor gehörte einst der Sängerin. Heute ist in dem Haus eine Tee- und Weinstube.

Ein Strandkorb am Meer von Langeoog (rechtes Bild) ist wie ein kleines privates Strandhäuschen: Er schützt vor zu viel Wind und Sonne und lädt zu einer kurzen Siesta ein. Der Anfang des 20. Jahrhunderts erbaute Wasserturm (linkes Bild) ist im Sommer für Besucher als Ausguck freigegeben.

BALTRUM

In der Mitte der ostfriesischen Inselkette liegt Baltrum, mit einer Fläche von 6,5 Quadratkilometern die kleinste der Inseln. So führen die Straßen oder Gassen keine offiziellen Namen, die Gebäude sind lediglich mit Hausnummern versehen. Die Form der Insel hat sich im Laufe der Zeit deutlich verändert. Durch die Kraft der Wellen wurde im Westteil der Sand abgetragen und im Ostteil dann wieder angelagert, so dass die Insel von ihrer Lage her nach Osten wanderte. An der Südwestflanke von Baltrum befindet sich das Historische Pfahlschutzwerk, das als Wellenbrecher lange Zeit den Westkopf der Insel schützte. Zu den berühmten Gästen von Baltrum gehört der Maler Paul Klee, der 1923 zusammen mit seiner Familie auf der Insel Erholung suchte. Er hielt seine Eindrücke in verschiedenen Aquarellen und Zeichnungen fest, die heute als seine »Nordseebilder« bezeichnet werden.

Was den Tourismus betraf, befand sich Baltrum lange im Dornröschenschlaf und auch heute noch können Urlauber hier viele einsame Stellen (linkes Bild) entdecken. Die Alte Inselkirche gehört zu den ältesten Gotteshäusern der ostfriesischen Inselwelt (rechtes Bild).

BALTRUM

Die 26 Quadratkilometer große Insel ist die jüngste Schwester der sieben Ostfriesischen Inseln. Sie entstand erst im 16. Jahrhundert und genoss schon bald ein besonderes Ansehen. Sie zählte zu den ersten mondänen Inselbädern Deutschlands. Hier traf sich, wer Rang und Namen hatte. Zu Norderneys berühmtesten Gästen zählten Heinrich Heine, Theodor Fontane und Reichskanzler Otto von Bismarck, dem 1898 ein Denkmal errichtet wurde, das die Insulaner nur kurz »Klamottendenkmal« nennen. Nach zahlreichen Bausünden an der Promenade hat sich die Insel mit dem Kurhaus und dem Kurpark im Zentrum ein wenig von dem einstigen Flair erhalten. Von dem knapp 55 Meter hohen Leuchtturm neben der reetgedeckten Mühle und dem Wasserturm, einem der Wahrzeichen der Insel, blickt man auf die Dünenlandschaft und Teile des Nationalparks..

Norderney blickt auf eine lange und glorreiche Vergangenheit als Seebad zurück und bietet auch heute mit seinen gut ausgestatteten Feriendomizilen (großes Bild) den Urlaub für die gehobenen Ansprüche. Die Kurverwaltung und Touristeninformation ist heute im 1840 erbauten Conversationshaus (kleines Bild) untergebracht, das auch schon dem hannoverschen Königspaar als Sommersitz diente.

JUIST

Man muss Sand lieben, den Wind und das Meer – dann liebt man auch die 16 Quadratkilometer kleine Nordseeinsel Juist. Die 17 Kilometer lange, aber nur maximal 1,1 Kilometer breite Insel wird auch gerne als »die längste Sandbank der Welt« bezeichnet. Bereits Ende des 14. Jahrhunderts wurde »Güst« (plattdeutsch: trocken, unfruchtbar) urkundlich erwähnt. Zum Seebad wurde die Insel aber erst im 19. Jahrhundert erklärt. Heute ist das autofreie Eiland eine ruhige, beschauliche Ferieninsel mit zwei größeren Ansiedlungen: dem Dorf oder Ostdorf als Hauptort und dem Loog. Überall auf der Insel verteilt finden sich Reetdachhäuser. Mit dem zum Naturdenkmal erhobenen Hammersee besitzt Juist den größten Süßwassersee der Nordseeinseln. Im »weißen Schloss am Meer«, dem historischen Kurhaus mit moderner Glaskuppel, residierte bereits 1897 der König von Sachsen.

In den Dünen befinden sich mehrere Aussichtsplattformen, die einen weiten Blick über den Strand und das Meer bis hinüber zu den Nachbarinseln bieten (großes Bild). Juist ist nicht nur bevorzugtes Ziel von Naturliebhabern, die auf langen Spaziergängen am Meer Erholung finden (kleines Bild), sondern wird aufgrund ihres Heilklimas auch von Menschen aufgesucht, die an Atem- oder Hautproblemen leiden.

BORKUM

Borkum, mit 31 Quadratkilometern die größte der Ostfriesischen Inseln, überrascht mit edlen, weißen Hotelfassaden aus dem 19. Jahrhundert. Sie sind eindrucksvolle Zeugen für den traditionellen Badebetrieb, der hier bereits um 1840 einsetzte. Seitdem ist die Zahl der Feriengäste kontinuierlich angestiegen, die auf der Insel mit Hochseeklima Erholung suchen. Neben viel Abgeschiedenheit und Ruhe sorgt der Hauptstrand mit Musikpavillon und der angrenzenden Promenade für quirliges Leben. Leuchttürme spielten auf Borkum seit jeher eine Rolle, liegt die Insel doch an der Emsmündung, einer für die Schifffahrt wichtigen Kreuzung, die gut markiert werden muss. Der 60,3 Meter hohe Alte Leuchtturm steht als Wahrzeichen der Insel mitten im Ort und bietet sich für einen herrlichen Panoramablick über die Ferieninsel an. 1576 erbaut, zählt er als das älteste Gebäude Borkums.

Als Nordseeheilbad ausgezeichnet, verfügt die Insel über zahlreiche Kureinrichtungen. Hinter dem Hauptstrand verläuft die abends hell erleuchtete Strandpromenade (große Bilder). Mit den weiten Stränden und dem gesunden Klima ist Borkum ein attraktives Urlaubsziel zu jeder Jahreszeit. Wer das Meer für sich alleine haben möchte, der wählt die etwas kühleren Tage im Frühling oder Herbst (kleines Bild).

EMDEN, KRUMHÖRN

Emden ist das Tor zur Welt! So sehen es zumindest die Ostfriesen. Tatsächlich war die Handelsstadt im 16. Jahrhundert angesehen und wohlhabend. Im Zweiten Weltkrieg zerbombt, zählt Emden heute zu den wichtigsten Seehäfen Deutschlands und ist der Mittelpunkt Ostfrieslands. Den Weltkrieg überstanden hat das Pelzerhaus (16. Jh.), das Rathaus ist eine Rekonstruktion des Originals aus dem 16. Jahrhundert. Kulturell sind die Kunsthalle und die Johannes-A.-Lasco-Bibliothek absolute Highlights. Im Land Krummhörn zwischen Emden und Greetsiel haben sich 19 Einzeldörfer auf ehemaligen Wurten/Warften (künstlich aufgeschüttete Besiedlungshügel) mit fremd klingenden Namen zu einer Gemeinde zusammengeschlossen. Im Dorf Pewsum, in der Mitte Krummhörns, gibt das Museum in der Manninga-Burg (15. Jh.) Einblick in die regionale Geschichte.

Auf die ruhmreiche maritime Vergangenheit der Stadt verweist auch der Ratsdelft, der als historischer Teil des heutigen Hafens vor dem Emdener Rathaus liegt (großes Bild). Er beherbergt verschiedene Museumsschiffe wie das Feuerschiff »Amrumbank«. In der Gemeinde Krummhörn erhebt sich der gelb-rote Pilsumer Leuchtturm als weithin sichtbare Landmarke Ostfrieslands (Bild oben).

FEHNLAND

Sie wirken so kuschelig, so gemütlich und anheimelnd, tragen so nette Namen wie Elisabethfehn oder Augustfehn, die Fehndörfer Ostfrieslands (»Fehn« bedeutet im Niederländisch-Norddeutschen »Moor«). Doch die Geschichte dieser Dörfer ist alles andere als anheimelnd und gemütlich. Während des Dreißigjährigen Krieges beginnt ihre Geschichte, als den Menschen ihr wichtigstes Brennmaterial Torf ausging. Die Handelsmöglichkeiten waren durch den Krieg massiv behindert, weshalb Emdener Kaufleute begannen, eigenen Torf aus den nahen Mooren zu stechen. Man zog Kanäle, um das Land zu entwässern und die Arbeit begann. Friedrich der Große warb im 18. Jahrhundert zähe Männer an. Man lockte sie förmlich mit wohl klingenden Vergünstigungen wie Glaubensfreiheit in die gefährlichen Sümpfe, um die harte Arbeit des Torfstechens zu erledigen. Das Leben der Fehntjer in ihren dunklen Moorkolonien war erbärmlich. Sie lebten in Hütten aus Torfplacken, ernährten sich schlecht und arbeiteten sich nicht selten zu Tode. Nach und nach konnten sich einige Moorarbeiter aus ihrem morastigen Elend herausarbeiten, zahlreiche Fehnsiedlungen erlebten sogar einen bescheidenen Wohlstand. Zu großem Reichtum kam in der Neuzeit die älteste (17. Jh.) Fehnsiedlung Deutschlands: Papenburg.

Die meisten Fehnsiedlungen befinden sich an einem oder mehreren Kanälen, die ins Moor hineingetrieben wurden. Aufgereiht wie Perlen an einer Schnur stehen die einheitlich gestalteten Häuser an beiden Seiten der ursprünglich schiffbaren Wasserwege (kleines Bild). Typisch für das Fehnland sind auch die Klappbrücken (großes Bild). Viele der historischen Schleusen sind auch heute noch in Betrieb.

Papenburg, die Stadt mit ihren 34 000 Einwohnern an einem Kanal zur Ems, ist vor allem in den letzten Jahren durch die Meyer Werft bekannt geworden. Dabei hat die Stadt deutlich mehr zu bieten: 1631 wurde sie Fehnkolonie und damit hat sie schon eine bewegende Geschichte, die Besucher im Heimat- und im Fehnmuseum ergründen können. Die Geschichte der Schifffahrt wird einem im Schifffahrts-Freilichtmuseum anschaulich erklärt. Die Anlage Papenburgs mit ihren zahlreichen Kanälen und Klappbrücken erinnert zuweilen an die einer niederländischen Stadt. Deutlich älter als Papenburg ist die ostfriesische Stadt Leer am Zusammenfluss von Ems und Leda: Hier gründete Liudger, ein Friesenapostel, im 8. Jahrhundert eine Kirche. Das Stadtrecht erhielt Leer allerdings erst Anfang des 19. Jahrhunderts. Aus dieser Zeit stammt auch der Großteil der erhaltenen Altstadt.

In den Kanälen von Papenburg liegen verschiedene historische Schiffe (großes Bild) angetäut. Die nach Originalplänen nachgebauten, schwimmenden Kanalhäuschen gehören zum Schifffahrtfreiluftmuseum. Die Stadt Leer besticht außerdem durch ihre gut erhaltene Altstadt. Vom Wasser aus blickt man auf den Turm des Ende des 19. Jahrhunderts erbauten Rathauses (kleines Bild).

MEYER WERFT

Über 200 Jahre ist sie alt, die Meyer Werft in Papenburg. Und noch heute ist die wichtige und bekannte Werft im Besitz der Familie Meyer – bereits in sechster Generation. Mit dem Bau von Holzschiffen hatte die Familie im Jahre 1795 begonnen, im Jahre 1862 führte man die Werft mit dem Bau von Stahlrumpfschiffen in die Zukunft. In den Jahren zwischen dem Ersten und Zweiten Weltkrieg spezialisierte man sich auf den Bau von Feuerschiffen, Fischdampfern, Lotsenschiffen und den ersten Passagierschiffen für die Küstenschifffahrt. Nach dem Zweiten Weltkrieg baute die Familie Meyer vor allem Maschinen, um sich finanziell über Wasser halten zu können. In den vergangenen Jahrzehnten machte dann die Meyer Werft brillante Schlagzeilen: Man begann mit dem Bau von Autofähren, Containerschiffen und Passagierfähren. 1985 lief in Papenburg das erste Kreuzfahrtschiff der Meyer Werft vom Stapel, 1987 baute man das weltweit größte überdachte Baudock. Seitdem machen sich die 2300 Mitarbeiter der Werft mit der Fertigung von Luxus-Linern wie der »Norwegian Star« oder der »Pride of Hawaii« einen Namen. Auch in den nächsten Jahren werden noch viele gigantische Kreuzfahrtschiffe die Werft über die schmale Ems, die für jedes Auslaufen gestaut werden muss, in Richtung Meer verlassen.

Zu den Großprojekten, die in der Meyer Werft in Papenburg entstehen, gehören Gastanker, Fähren, Tiertransporter, Kreuzfahrtschiffe und Containerschiffe (großes Bild). Jeder dieser Ozeanriesen ist eine technische und logistische Meisterleistung. Die gigantischen Ausmaße der Schiffe werden besonders deutlich, wenn sie das Trockendock verlassen und auf der Ems ihren Weg in Richtung Meer suchen (kleine Bilder).

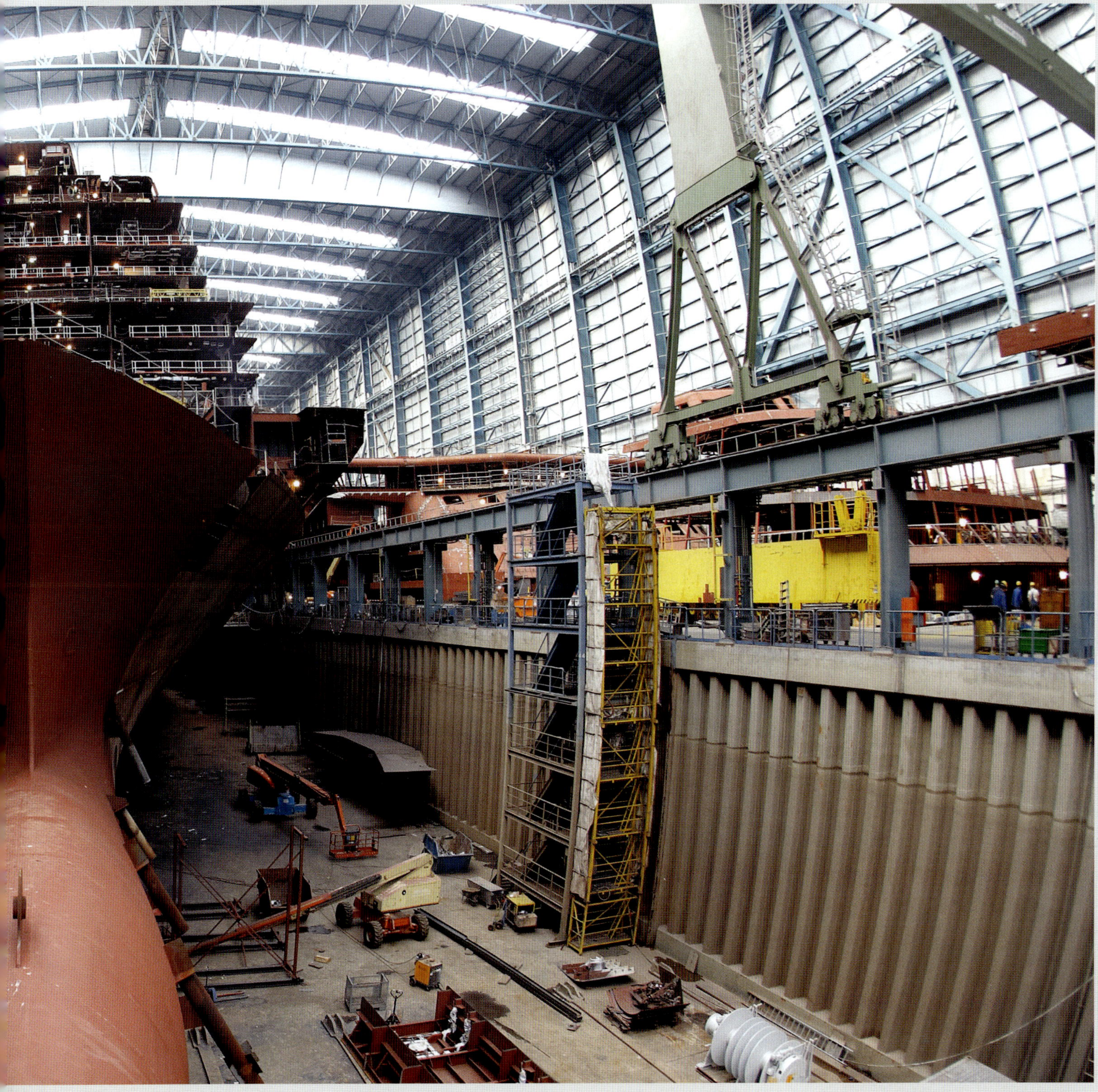

REGISTER

A
Ada Nolde 34
AIDAluna 85
Alsterdampfer 62
Alsterpavillon 62
Altengamme 90
Altes Land 104
Altländer Häuser 105
Altmoräne 28
Ammerland 124
Amrum 29, 30
Amrumbank 151
Arp-Schnitger-Orgel 132
Aurich 132
Aurich: Lamberti-Kirche 133
Austernfischer 27, 39

B
Backsteingotik 52
Bad Bederkesa 114
Baltrum 142
Barkenhoff 116
Binnenalster 62, 66
Blohm & Voss 84
Bockwindmühle 120
Bothkamp 46
Brandenten 26
Brauttür 105
Bremen: Altstadt 94
Bremen: Böttcherstraße 94
Bremen: Dom St. Petri 98
Bremen: Rathaus und Roland 96
Bremer Stadtmusikanten 94
Bremerhaven 100, 114
Bremerhaven: Zoo 100
Brookmerland-Leezdorf 121
Brunsbüttel 48, 54
Buntsandsteinfelsen 16
Büsum 48

C
Carl Philipp Emanuel Bach 76
Carolinensiel 130, 134
Christian Peter Hansen 25
Containerschiff 156
Cremon 72
Curslack 90, 91
Cuxhaven 110, 114

D
Dagebüll 29
Dänisches Königshaus 122
Deiche 32, 36
Deutsche Windmühle 120
Dithmarschen 48, 50
Dollart 102
Dornum 132
Drachenboote 54
Drachenfliegen 46
Dreschtenne 44
Duhner Wattrennen 111
Dünen 23, 30

E
Ebbe 46, 48, 109, 136
Eider 46
Eiderenten 26
Eidersperrwerk 46
Eiderstedt 40, 44
Elbe 56, 76
Elbphilharmonie 86, 89
Elbtunnel 76
Elmshorn 58
Emden 150
Emil Nolde 34
Ems-Jade-Kanal 126

F
Fehnkanal 128
Fehnland 152
Feuerschiff 156
Finkenwerder 104
Fischadler 124
Fischfang 112
Flut 23, 46, 109, 134, 136
Fockemuseum 99
Föhr 28
Freilichtmuseum Rieck-Haus 91
Friedrich Hebbel 48
Friedrichstadt 38, 46
Friesenhäuser 25, 29, 34, 40
Friesland 124
Fritz Höger 126

G
Gänsemarkt 66
Geest 58
Geestinsel 52
Gerhard Marcks 94
Giebelhäuser 38, 56
Glückstadt 56
Graureiher 124
Greetsiel 128, 134
Grimm 72
Gröde 32
Großneumarkt 64
Gut Schönhagen 46

H
Habel 32
Hadeln 114
HafenCity 88
Halligen 30, 32, 36
Hamburg 60
Hamburg, Altstadt 62
Hamburg, Neustadt 64
Hamburger Hafen 82
Hamburger Kunsthalle 74
Hamburger Museen 74
Hamburgisches Wattenmeer 108
Haubarge 40, 44
Haus im Schluh 117
Havenwelten 101
Heide 48
Heiliges Römisches Reich 46
Heinrich Heine 62, 144
Heinrich Vogeler 116
Helgoland 16, 41, 49
Heringe 26
Herzog Friedrich III. von Schleswig-Gottorf 38
Herzog von Schleswig und Holstein 56
Heulerstation 100
Hindenburgdamm 18
Holländerwindmühlen 120
Hooge 32
Hooksiel 134
Horst-Janssen-Museum 122
Hufnerhöfe 90
Husum 38

I
Inselbahn 138
Itzehoe 58

J
Jadebusen 130
Jever Pilsener 131
Jever 130
Jeverland 130
Juist 146
Jungfernstieg 62, 66

K
Kabeljau 113
Kachelotplate 136
Kaiser Friedrich I. Barbarossa 82
Kaiser-Wilhelm-Brücke 126
Katharinenviertel 72
Kegelrobben 26
Keitum 24
Kiebitz 29
Kieler Förde 54
Kirchwerder 90
Kniepsand 30
König Christian IV. 56
König Christian VII. 28
Königin Christine von Schweden 94
Krabbe 112
Krabbenkutte 112, 135
Kreuzfahrtschiffe 156
Krumhörn 150

L
Lale Andersen 142
Lange Anna 17
Langeneß 32
Langeoog 142
Leer 124, 154
Leuchttürme 23, 30, 42, 138
Lombardsbrücke 66
Lotsenschiff 156
Lummen 16
Lütje Hör 136

M
Magellan-Terrasse 89
Marsch 58
Marschland 28, 38, 90
Martha Vogeler 117
Matje 56
Maxim Gorkiy 85
Meldorf 48, 50
Melkhorndün 142
Memmert 136
Meyer Werft 156
Minsener Oog 136
Möwen 16, 26, 39, 124
Museumshafen Övelgönne 74

N
Nationalpark Wattenmeer 18, 26, 36
Nebel 30
Neuengamme 90
Neuharlingersiel 130, 134
Neuwerk 108
Niedersächsische Nordseeküste 102
Niedersächsisches Wattenmeer 108
Nigehörn 108
Nolde Stiftung 32

Norddeich 132
Norden 132
Norderburg 133
Norderney 144
Norderoog 32
Nordfriesland 14, 38
Nord-Ostsee-Kanal 46, 54
Nordstrand 36
Nordstrandischmoor 32

O
Ohnsorg Theater 74
Oland 32
Oldenburg 122
Oldenburg: Lamberti-Kirche 122
Ostfriesische Inseln 136
Ostfriesland 128
Ostriesisches Teemuseum 132
Otterndorf 114
Otto von Bismarck 144

P
Papenburg 128, 152, 154, 156
Paul Klee 142
Paula Modersohn-Becker 116
Pellworm 30, 36
Pfahlbauten 46
Pilsumer Leuchtturm 151
Piraten 138

Q
Queen Mary 2 85

R
Rainer Maria Rilke 116
Ratsdelft 151
Reeperbahn 80
Reesedammbrücke 66
Reetdach 24, 42
Roter Haubarg 44
Rotherbaum 64
Rotschenkel 27

S
Sandtorhafen 89
Sankt-Johannis-Kirche 53
Scharhörn 108
Schiffe 54
Schifffahrtsfreiluftmuseum 154
Schleswig-Holstein 46
Schleswig-Holstein-Kanal 54
Schloss Bergedorf 91
Schloss Breitenburg 58
Schloss Husum 38
Schloss Oldenburg 123
Schloss Ritzebüttel 110
Scholl 26
Schulensee 46
Schwalben 26
Schweinswale 26
Seebüll 34
Seehunde 17, 109
Seezungen 26
Sielhäfen 134
Sielhafenmuseum 135
Sölring 24
Speicherstadt 86
Spiegel-Hochhaus 72
Spiekeroog 140
St. Cosmae et Damiani 106
St. Laurentii-Kirch 59
St. Michaelis 64, 76
St. Nikolaikirche 58
St. Pauli 64, 78
St. Peter-Böhl 46
St. Peter-Dorf 46
St. Peter-Ording 46
St. Petri 46
St. Wilhadi 106
Stade 104, 106
Steubenhöft 110
Stör 58
Störche 91
Strandkörbe 47
Strandsegeln 46
Strucklahnungshörn 36
Sturmflut 46
Süderhafen 36
Süderoog 32
Sylt 18, 24

T
Teufelsmoor 116, 118
Thalia Theater 74
Theodor Fontane 144
Theodor Storm 38
Tönning 41, 46, 48
Torfabbau 118, 124
Torfkähne 119
Torfstechen 152

V
Vierlande 90

W
Walfang 24, 128
Wallenstein 56
Wangerooge 138
Warft 150
Wattwandern 46
Wattwurm 26
Wesermarsch 124
Wesselburen 48
Westensee 46
Westerheversand 41
Westerstede 124
Wikinger 54
Wilhelmshaven 126
Windmühlen 120, 128
Winterhuder Fährhaus 74
Wittdün 30
Worpswede 116, 118
Wurster Heide 114
Wurt 150
Wyk 28

Z
Zwischenahner Meer 124

BILDNACHWEIS / IMPRESSUM

A = Alamy
C = Corbis
G = Getty Images
H = Bildagentur Huber
L = Laif
M = Mauritius Imagis

S. 2/3 G/LOOK/Sabine Lubenow; S. 4/5 G/Picture Press RM/Falk Herrmann; S. 8/9 M/imagebroker/Axel Schmies; S. 10/11 H. & D. Zielske; S. 12/13 M/Christian Bäck; S. 14/15 G/Picture Press RM/Falk Herrmann; S. 16 L/Christian O. Bruch; S. 17 G/Ronald Wittek; S. 17 L/Christian O. Bruch; S. 18 C/Sabine Lubenow/JAI/SL; S.19/20/21/22 C/Sven Hagolani; S. 23 G/F1online RM/Beate Zoellner; S. 23 A/ Premium Stock; S. 24 G/F1online RM/Beate Zoellner; S. 24 C/Sabine Lubenow/SL; S. 24 M/imagebroker/ Carsten Leuzinger; S. 25 C/Sabine Lubenow/JAI/SL; S. 25 M/imagebroker; Carsten Leuzinger; S. 26/27 M/Andreas Vitting; S. 27 2 x A/Wolfgang Poelzer; S. 27 A/WILDLIFE GmbH; S. 27 M/Reinhard Dirscherl; S. 27 M/ imagebroker/Michael Krabs; S. 27 M/imagebroker; Justus de Cuveland; S. 28/29 M/AGE; S. 29 Look/Sabine Lubenow; S. 30 M/Ingo Boelter S. 30/31 M/Ingo Boelter; S. 31 2 x G/LOOK; Heinz Wohner; S. 32/33 G/LOOK/ Sabine Lubenow; S. 33 M/Ingo Boelter; S. 33 M/Sabine Lubenow; S. 33 M/imagebroker/Paul Mayall; S. 34 akg-images; S. 34/35 C/The Gallery Collection/N.N.; S. 35 C/Creasource/(c) Emil Nolde.; S. 36 C/Foto natura/Lesley van Loo; S. 36 M/imagebroker/FLPA/Bernd Rohrschneider; S. 36 M/imagebroker/Horst Jegen; S. 36 M/images /imagebroker/Michael Krabs; S. 36/37 M/imagebroker/Justus de Cuveland; S. 37G/LOOK/Sabine Lubenow; S. 37 M/imagebroker/Justus de Cuveland (beide); S. 38/39 M/Rudolf Pigneter; S. 39 G/LOOK/Ulf Boettcher; S. 40/41 G/LOOK/Heinz Wohner; S. 41 A/Premium Stock; S. 42/43 G/F1online RM/Beate Zoellner; S. 43 G/LOOK/Sabine Lubenow; S. 43 M/Peter Lehner; S. 44/45 M/Rainer Waldkirch; S. 45 Bilderberg/Gunter Glücklich; S. 46/47 Look/Sabine Lubenow; S. 47 M/Torsten Kröger; S. 48/49 3 x H. & D. Zielske; S. 50/51 G/LOOK Ulf Boettcher; S. 51 A/Mathias Beinling; S. 52/53 M/imagebroker/Egon Bömsch; S. 53 M/imagebroker/Justus de Cuveland; S. 54/55 C/National Geographic/Jim Richardson; S. 55 G/LOOK Arnt Haug; S. 56 M/imagebroker/Justus de Cuveland; S. 57 M/imagebroker/Ingeborg Knol; S. 58/59 M/Fritz Mader; S. 59 A/imagebroker; S. 60/61 M/imagebroker/White Star/ Friedrichsmeier; S. S. 62/63 M/imagebroker/Michael Szönyi; S. 63 A/blickwinkel/MacPhoto/ODE; S. 63 M/Urs Kuester; S. 63 4x H. & D. Zielske; S. 64 LOOK/Engel & Gielen; S. 65/ LOOK/Engel & Gielen; S. 65 2 x M/imagebroker/Christian Ohde; S. 65 M/imagebroker/ Christian Ohde; S. 66 H. & D. Zielske; S. 67/68/69/70 H. & D. Zielske; S. 71 H. & D. Zielske; S. 71 plainpicture; S. 73 M/imagebroker; S. 72 H. & D. Zielske; S. 73 H. & D. Zielske; S. 74/75 H. & D. Zielske; S. 75 H. & D. Zielske; S. 75 M/ Rainer Waldkirch; S. 75 M/imagebroker/Christian Ohde; S. 75 H. & D. Zielske; S. 76/77 2 x H. & D. Zielske; S. 77 M/AGE; S. 78/79 Ralf Brunner; S. 79 L/Joerg Modrow (beide); S. 80/81 L/Samuel Zuder; S. 81 C/Jon Hicks; S. 82 EschCollection/Sayuri Ltd./Jerome Esch; S. 83 C/CHRISTIAN CHARISIUS/Reuters; S. 84 AGE/M; S. 84/85 M/AGE; S. 85 M/imagebroker/Christian Ohde; S. 86/87 H. & D. Zielske; S. 87 L/Samuel Zuder; S. 87 L/Joerg Modrow; S. 88/89 H. & D. Zielske; S. 89 H. & D. Zielske; S. 90 M/Fritz Mader; S. 91 H/F. Mader; S. 91 plainpicture/owi/RM; S. 92/93 Christian Bäck; S. 94 M/imagebroker Kurt Amthor; S. 94/95 Bilderberg/H. & D. Zielske / Bilderberg; S. 95 H. & D. Zielske; S. 96/97 Bilderberg/H. & D. Zielske; S. 97 G/Wilfried Krecihwost; S. 97 Bilderberg/H. & D. Zielske; S. 98/99 LOOK/H. & D. Zielske; S. 99 2 x L/ Toma Babovic; S. 99 L/T. Babovic; S.100/101M/imagebroker/Movementway; S. 101 M/Christian Bäck; S. 102/103 C/George Hammerstein; S. 104/105 AGE/Mauritius; S. 105 M/Fritz Mader; S. 105 M/ Manfred Mehlig; S. 106/107 M/imagebroker/Bahnmueller;S.107 M/ imagebroker/Bahnmueller; S. 108/109 M/imagebroker/Hartmut Schmidt; S. 109 A/imagebroker; S. 110/111 M/imagebroker/Movementway; S. 111 C/ CHRISTIAN CHARISIUS/Reuters/Co; S. 112/113 C/Benelux; S. 113 M/ROSENFELD; S. 113 M/AGE; S. 114/115 M/Fritz Mader; S. 115 M/Fritz Mader; S. 115 M/Manfred Mehlig; S. 116/117 G/LOOK/Heinz Wohner; S. 117 M/Torsten Krüger; S. 118/119 M/imagebroker/ Karl F. Schöfmann; S. 119 G/Flickr RF/G.T; S. 120/121M/Manfred Habel; S. 121 G/LOOK/Heinz Wohner; S. 121 M/Fritz Mader; S. 122/123 G/LOOK/Quadriga Images; S. 123 G/LOOK/Quadriga Images (beide); S. 124/125 Look/Quadriga Images; S. 125 A/Werner Otto; S. 126/127 M/Manfred Mehlig; S. 127 M/imagebroker/Bahnmueller; S. 128/129 G/Look/Ulf Boettcher; S. 129 G/Look/ Heinz Wohner; S. 130/131 M/Manfred Mehlig; S. 131 Look/Karl Johanentges; S. 132/133 Look//Ulf Boettcher; S. 133 Look/Ulf Boettcher; S. 133 M/imagebroker; Ernst Wrba; S. 134/135 M/Manfred Habel; S. 135 G/LOOK/Ulf Boettcher; S. 136/137 M/imagebroker/Sabine Lubenow; S. 137 M/Roland T. Frank; 138/139 M/Christian Bäck; S. 139 Look/Heinz Wohner; S. 140/141 M/Christian Bäck; S. 141 G/Flickr RF/Dirk Wüstenhagen Imagery; S. 142/143 Look/Heinz Wohner; S. 142/143 G/LOOK/Konrad Wothe; S. 143 M/ Peter Lehner; S. 143 M/Christian Bäck; S. 144/145 M/Christian Bäck; S. 145 Look/Heinz Wohner; S. 146/147 L/Hahn; S. 147 A/Cody Duncan; S. 148/149 M/Christian Bäck; S. 148/149 M/Christian Bäck; S. 149 M/Christian Bäck; S. 150/151 Look/Ulf Boettcher; S. 151 M/Steffen Beuthan; S. 152/153 Manfred Habel; S. 153 M/ Manfred Habel; S. 154/155 M/ imagebroker/Günter Lenz; S. 155 G/LOOK/Heinz Wohner; S. 156/157 M/imagebroker/Thomas Frey; S. 157 A/Bernd Mellmann; S. 157 A/Bernd Mellmann.

Genehmigte Sonderausgabe für Verlagsgruppe Weltbild GmbH, Steinerne Furt, 86167 Augsburg

Königinstraße 11
81667 München
Telefon +49.89.45 80 20-0
Fax +49.89.45 80 20-21
www.kunth-verlag.de
info@kunth-verlag.de

Umschlaggestaltung: Büro 18, Friedberg (Bay.)
Umschlagmotive: Vorderseite: Panthermedia | Reiner Wuerz (unten); MEV | digiphot (oben links); mauritius images | Torsten Krüger (oben rechts); Rückseite: MEV | digiphot (links); Panthermedia | Lutz Lange (rechts)

Text: Friederike von Bülow
ergänzend: Brigitte Lotz

Printed in Slovakia
Alle Fakten wurden nach bestem Wissen und Gewissen mit der größtmöglichen Sorgfalt recherchiert. Redaktion und Verlag können jedoch für die absolute Richtigkeit und Vollständigkeit der Angaben keine Gewähr leisten. Der Verlag ist für alle Hinweise und Verbesserungsvorschläge jederzeit dankbar.

ISBN 978-3-8289-3265-4
Einkaufen im Internet:
www.weltbild.de